蔣作賓·原著
蔡登山·主編

軍人外交家

蔣作賓回憶錄

【導讀】軍人外交家蔣作賓

蔡登山

蔣作賓（一八八四～一九四二），字雨岩，湖北應城人。是著名的外交官、國民革命軍陸軍一級上將。他出生於貧苦的農村，十五歲中秀才。一九〇二年，他入武昌文普通中學堂，受同學宋教仁的影響，思想日益傾向革命。一九〇五年七月，因成績優異，作為公費生派往日本留學，入東京振武學校。是年八月，中國革命同盟會成立，乃加盟其中。一九〇七年，他入陸軍士官學校第四期步兵科，翌年七月畢業。一九〇八年，蔣作賓回國，向清政府報到。先分到保定軍官速成學校當教官，在此期間，他不斷向學員灌輸革命思想，並做些革命組織工作。次年，被調到清廷陸軍部軍衡司任科長，掌管全國陸軍人事勤務及部隊編配等業務的部門。不久，由於他將日本的步兵操典譯成中文在軍中使用，使得陸軍大臣蔭昌等人對他倍加賞識，他藉機提出整編軍隊的建議。將舊軍幹部（包括袁世凱的北洋軍在內）逐漸淘汰，而換上同盟會員（清廷當然不知他們是盟員）或陸軍軍校的畢業生。由於清廷害怕羽翼已豐的袁世凱，因此很快採納了他的建議。

一九一一年，黃興領導的黃花崗起義雖然失敗，但大大動搖了清軍軍心。當時蔣作賓認為，再經過二、三年的組織準備，軍權基本上掌握在革命者手裡時，革命就可比較順利地實現。但是，由於漢口出事，革命黨不得不提前於十月十日起義。他原來的計畫打破了。但他得到訊息後，雖然惋惜卻毫不遲疑，立即行動起來。當他們到達武昌時，正值革命軍在漢陽受挫，黃興東走上海，他急忙趕到都督府，都督黎元洪等正因戰敗而痛哭。見此狀，他說：「勝敗乃兵家常事，革命軍雖在漢口、漢陽失利，但還有武昌，即使武昌也失了，還有其他地區，這種時候，怎麼能婆婆媽媽地哭鼻子呢？希望你們再苦守一星期，我就會調大軍來增援。」他連夜趕到江西，調兵增援，不但使武昌情勢緩和，又促進了江西統一，並任九江軍政府參謀長，後來，蔭昌等了解了真相後，都大吃一驚，感慨地說：沒想到蔣作賓竟是革命黨人。難怪清朝氣數將盡啊！

一九一二年南京臨時政府成立，黃興初任陸軍部總長，蔣作賓任陸軍部中將次長，後又受孫、黃之托，在北京政府內續任陸軍次長，他積極建議建立以北京、武漢、南京三點為基礎的革命據點，壯大革命軍事力量。但由於袁世凱的復辟與鎮壓，這些革命據點均先後遭破壞。一九一五年袁世凱醞釀帝制，蔣作賓稱病辭職，被袁世凱幽禁於北京西山。次年袁世凱死，黎元洪繼任大總統，段祺瑞任國務總理，邀其出任參謀本部次長。在職近兩年，屢向段祺瑞進忠告，勸其遵守約法，廢除私人軍隊觀念，多用國民黨人，革新政治，劃清權責，勿與黎元洪衝突。段祺瑞不能納其言，終演出利用張勳復辟以驅黎，再攬大權之醜劇。因此當段祺瑞重握政權，蔣作賓知不可以共事，遂毅然南下。

一九一七年九月出國遊歷，一九一九年二月返國，參加驅逐湖北督軍王占元，之後，他南下追隨孫中山，準備北伐，任大本營幕僚長。孫中山逝世後，他繼承其遺志，出生入死，積極參加北伐。一九二六年，他先後任江西、湖北宣撫使。為了不讓張作霖與吳佩孚合作搞所謂北洋大團結，他前往瀋陽去說服張作霖。吳佩孚得知，指使不少軍閥致電張作霖，說蔣作賓是赤黨說客，要張作霖殺他。當時上海各報都登載了這些函電。蔣作賓去瀋陽後，大義凜然，慷慨陳詞，最終說服了張作霖，保證了北伐順利進行。

面對日本威脅日益嚴重，在北伐勝利之時，他不為自己爭官謀利，只為國家前途擔憂，決定出國，聯絡德國（當時是德國社民黨與登堡執政）、前蘇聯及歐洲諸國，鉗制日本軍國勢力的發展。一九二八年十月他被任命為駐德國兼奧地利公使。他在德國時，由蘇俄駐德大使克勒登斯奇之介紹，與出席日內瓦國際聯盟軍縮會議之蘇俄外長李維諾夫洽談中俄關係。李維諾夫頗思與我國恢復邦交，以鞏固其國際地位。蔣作賓向當局闡述聯蘇的積極意義，但均未被採納。蔣作賓曾提出過一些不凡的見解，令德國及各國使節刮目相看，興登堡對他評價也很高。對於國內的政治經濟許多方面，他也提出不少建議，但很多都未被採納。就連他關於調停中蘇中東鐵路之爭的有關報告，當局都未及時了解辦理，結果讓日本人看笑話並從中得利。對於中東鐵路及外交，蔣作賓的評價是：「無故挑釁，又無故投降，辱國喪權，莫此為甚，國際地位從此降落，尤以國民政府之聲譽掃地矣！」中東鐵路戰爭起因於蘇俄曲解《中蘇協定》及中東路權益衝突，南京當局在政治上、軍事上、外交上沒有做好準備的情況下，指使東北地方當局挑起爭端，其遭受失敗是必然的。蔣作賓的評價可謂一針見血！他在日記中寫道：「國內紛亂如此，在外作外交官者顏面真正無處藏匿，安能在國際爭得地位也？」他的理想和他的抱負不能實現，曾使他憂慮痛心不已。

一九三一年八月十三日國民政府任命蔣作賓為駐日公使，不久「九一八」事變發生，九月二十二日蔣作賓一到日本下關，即發表談話，痛斥日人之「無識」，聲明「此次瀋陽事變，日方違反《非戰公約》、國際公法及蔑視國際聯盟，破壞東亞和平及世界和平，日本須負全責」。抵東京，晤幣原首相，即嚴重抗議，幣原即商互派大員調查瀋陽事件。日內閣原意，似不欲此事件之擴大，無奈日軍閥多不聽命，致陸軍大臣去職，易以少壯派之荒木貞夫，事態益急轉直下，東北瞬即淪亡。此時我政府正向國聯進行控訴，對於蔣作賓與幣原以外交途徑解決之提議，連電阻止，以為世界大戰即將發生，我可不勞而獲收回東北。蔣作賓則斷然說：「美國海軍未充實，不敢戰；英國經濟恐慌，不能戰；法國持盈保泰，不欲戰；俄國素利用帝國主義衝突，不肯戰；世界大戰何由發生？況我國此時毫無準備，勝敗均於我無利。九一八事件不如一面利用國聯，一面自己設法了結」，終因未得政府允許而作罷。其後幣原去職，犬養上臺，亦有意進行解決，忽遭殞命。日本內閣，因經一一二、二二六各事變，政綱日益不振，更無人敢負責解決。而國聯懦弱無能之調查報告，不足鎮懾，實無補時艱。蔣作賓一面在談判桌前據理交涉，另一方面又穿梭活動於日本國內進步人士及同情與支持中國的各國外交使團之間，希望從內部到外部形成對日當局有影響的力量。但是，日本軍國主義的急速發展，要想獲得談判成功，是不可能的。加上國內政府軟弱無力，他所做的一切努力都白費了。他出使日本四年，耗盡了他的心血，他憂慮，他憤懣，他心力交瘁，回國時兩鬢斑白，血壓高得嚇人了。

一九三五年十月蔣作賓卸任回國，十一月，蔣介石兼任行政院長，任其為內政部長，自此脫離外交界。在任內整頓警察，編組保甲，厲行自治，清查戶口，肅清吏治，勤求民瘼，我國兵役制度之能施行者，有賴內政之為力也。一九三六年西安事變，蔣作賓當時巡視政治至西安，亦被困在其中。張學良來見，蔣作賓誡以三事：一曰，蔣委員長為全國領袖，須尊重其人格，保全其安全。二曰，汝須顧全汝之自由。三曰，須速謀下臺之法。辭嚴義正，不畏強悍。

一九三七年為祝賀英王喬治六世加冕，他同時前往德國接洽一項貿易協定，政府派財政部長孔祥熙前往。為了將此事辦好，孔祥熙決定讓蔣作賓（時任內政部長）的長子蔣碩民一同前往。這種好差使一般人都會爭著去的。但蔣作賓堅決反對，他認為蔣碩民在德國是學數學的，而這項工作應派學經濟貿易的人去才合適，在他的推薦下，派了曾在德工作多年、柏林大學經濟博士王家鴻前往。他說：「我沒有小組織，人才是國家的。」

蔣作賓元配張淑嘉（張默君之妹），兩人在一九一二年，由黃興親自作媒結婚。共同生活二十七年，有八子五女。一九三八年，年僅五十歲的張淑嘉女士因病辭世。同年蔣作賓與湯潤瓊女士結婚，婚後育有兩個子女。在結婚時，蔣作賓說：「現在抗戰開始，黃金國有，就不買金首飾了。」因此一樣金飾也沒買。他還囑咐妻子，不能單獨乘坐他的車，更不准子女動用他的車，說「戰時一滴汽油等於一滴血」。他就是這樣處處想著國家。平時，他無一不良嗜好，不抽煙，不喝酒（宴會時喝少量啤酒），不打牌，不進戲院看戲（政府及集團活動除外），只喜歡散步，故在日本時有「散步大使」的綽號。

之後，蔣作賓的健康每況愈下，但還盡力為國效力，從不怠慢。山河破碎，當局腐敗，百姓遭難，他傷心極了，病情日益加重。一九四二年十二月二十四日，蔣作賓以重感冒轉肺炎併發心臟衰竭症，病逝於重慶，終年五十九歲。

蔣作賓為軍人政治家，一生主要懷抱，著眼於建立南京、武漢、北京三軍事據點，以為鞏固民國的基礎。自民國成立，以迄北伐成功，其所努力者為軍事行政。自一九二九年持節柏林聯好德國並主張與蘇俄復交，以及一九三一年出使東京努力周旋折衝，皆為建立加強中國抵抗日本侵略，雖局勢艱難，但他可說是「始於四方，不辱君命。」他遇事沉著穩定，深謀遠慮，且勇於負責，深具古儒將傳統風範。

序

蔣碩傑

今年五月間，我正在英國牛津作休假研究時，收到《傳記文學》編者劉紹唐先生來信說：他打算將先嚴雨巖先生的回憶錄，和吳相湘、楊樹人兩位教授所著關於先嚴的文章，合訂成為一冊，作為《傳記文學》叢書之一種出版，囑我寫一篇序。我收到這信，深覺內心愧疚。先嚴逝世，迄今已二十五年。我本應替他寫一本較為詳細的傳記，使他一生為革命，為國家努力的志事，能流傳後世，但是我十幾歲就負笈出國，等到學業稍有成就，回國服務時，先嚴已經棄養三年之久。我出國求學以前，知識發達到喜閱報章，注意國家大事的時候，先嚴已從事外交工作。始則駐節柏林，繼又轉往東京，常常經年不得一見。在他返國述職的時期，我們雖能短暫的承歡膝下，聽他講些海外風光；但是他對自己的外交工作，則守口如瓶，從不向我等透露。所以我對他的一生各方面的努力，知道的並不很多。先嚴本有每日必寫日記的好習慣，自民初以來，從未間斷。他所記的數十大本的日記，應該是研究近代史的很寶貴的資料。他自己也非常珍視。民國二十六年抗戰開始，南京危急的時候，政府倉促內遷，他因為私人行李運輸有限制，曾命人將舊的日記數十本，存在上海銀行保險箱內。勝利後我先去東北經濟委員會服務，隨後又往北京大學任教，始終未回南京居住，只聽說南京我家舊屋已被日機轟炸，夷為平地。先嚴的遺書遺物如何處置了，都不清楚。現在在臺及在海外的兄姐弟妹們也都不知這批舊日記的下落。這是使我要想替先嚴寫一篇較詳細的傳記，而無法著手的主要原因。

他自己所寫的回憶錄，是在他中風半身不遂之後，自恐不起，因而匆匆寫成的。那時他舊日的資料及日記都不在身邊，而且已成年的子女，又無一人在旁幫助，所以非常的簡短。吳、楊兩教授的大作，雖對先嚴的回憶錄各有所補充，但是還不能算是先嚴一生的詳細的記載。而我自己現在又沒有能力擔當替先嚴作一篇詳細傳記的任務，這是使我不勝內疚於心的。

差幸我自民國二十二年至二十六年這一段時期，承先嚴召往東京留學。直到民國二十四年先嚴奉調回國，就任內政部長時為止，一直陪著先嚴，住在東京飯倉片町的中國大使館內。每日早晚兩餐，除先嚴有應酬外，總是陪侍在側。因此有時聽到他談起他幼年苦學的情況，以及他生平抱負，為人處事的原則等。謹略記數事於後，以作吳、楊兩教授大作的補充，並以代序。

先嚴幼時家境貧苦，先祖務農為生，只能令先嚴兄弟等且耕且讀，在鄉村塾師處受業。幸虧先嚴天資穎異，在那種苦學的環境下，竟能於十五歲時考中秀才。隨後又考入張之洞新設的武昌文普通學堂。那時他不但得不到家庭資助去武昌入學，反經常將自己的官費節省一部下來，接濟家用。他曾說起，有一年應城鬧疫癘，他假日回家省親時，見一家老幼都病倒在床，竟無人能起床執炊，他一到家看見如此悽慘狀況，就即刻下廚煮些粥水，侍奉一家老幼病人，並奔走醫藥。如此裡裡外外的照顧一家，待父母病癒才回學堂。這樣艱苦的幼年環境磨煉成他一生的澹泊寡欲，自奉儉樸的習性，日後他雖然曾在清末民初糜爛腐敗的北京政府裡做過幾年的官，但是當時官場中的嫖賭煙酒的惡習，他一概沒有沾染上。連香烟我都沒有見他抽過。他雖然自己幼年讀書的環境如此困苦，但是對我們兄弟姐妹的教育費用，則毫不吝嗇。因為我們兄弟眾多，他一生的薪俸，幾乎全部用來教養我等了，而自己從無任何奢侈的享受。他常拿他自己幼年求學的環境，和我們讀書的環境相比較，來勉勵我們努力向上，好好利用求學的機會。這是我雖然天質魯鈍，而從不敢放逸嬉遊的原因。只是如今年將半百，而成就殊尠，緬懷當年庭訓，真令人愧疚不已。

先嚴在武昌文普通中學堂畢業後，即經選拔為官費留日軍事學生。當時的總督張之洞對提倡新教育及派遣留學生極為重視。據先嚴說，當年（一九〇五年）自武漢出發時，張督曾親率僚屬百官，到江干給這批留學生送行，並說了一番勉勵忠君報國的話。但先嚴在中學堂時，即已接受革命思想。到了日本後，正值同盟會於是年成立，所以就率先加入。因得認識國父中山先生、黃克強先生，及其他革命領袖。那時黃克強先生的革命計畫似乎不外身率少數之敢死勇士，狙擊滿清大吏，或在邊遠省份，突擊衙署。先嚴那時就覺得這種方略，殊非完成革命大業的上策。他鑒於法國革命的歷史，認為最有效的革命方略，當為奪取中央政權。而奪取中央政權的最好策略，莫如滲透軍隊，使革命份子能掌握全國尤其是首都周圍的軍隊指揮權。如是則一旦發難，即可迅速攫取中央政權。然後號令全國，不難各省響應。他這種大膽的計畫曾向黃克強先生陳述過。克強先生甚為嘉許，並鼓勵大家分頭並進，但黃先生自己仍繼續其在兩廣的突擊戰略。直到黃花岡之役（一九一一年四月二十七日）之後，同盟會中才出現變更戰略的要求。

當時提出變更戰略的具體計畫者，就是先嚴當日在武昌同一宿舍的同學宋教仁先生。他提出三策供同志選擇：「上策為中央革命，聯絡北方軍隊，以東三省為後援，一舉而佔北京，然後號令全國，如葡土已事，此策之最善者也。中策在長江流域各省，同時大舉，然後北伐，此策之次者也。下策在邊隅之地，設祕密機關於外國領地，進據邊隅以為根據，然後徐圖進取。其地則或東三省，或雲貴，或兩廣，此策之又下者也。」（見《傳記文學》第十卷第六期，左舜生著〈黃興評傳〉（三），第三十四頁。）據說那時大部分同志多認為上策難行，下策已行之而屢次失敗，故決定採用中策。於是革命重點遂由兩廣而轉至武漢及長江流域各省。是年十月的武昌起義便是這樣醞釀發動的。

其實那時黨員們認為難行而不用的上策，已經由先嚴自兩年前以來著著推行，而已頗見成效了。先嚴於一九〇八年七月畢業返國，即本其既定計畫向清政府報到。當即被派為保定軍官速成學校的教官。翌年十月他參加了在北京舉行的陸軍遊學畢業生考試，獲列優等第二名。遂被重用，調陸軍部軍衡司服務。於是推行宋教仁先生日後所謂「上策」的機會，竟輕輕的落在他掌握之中了。

原來那時光緒和慈禧太后同在一九〇八年十一月崩駕。隆裕皇太后及攝政王都痛恨袁世凱在戊戌政策政變時出賣光緒，使他終生幽囚，所以一九〇九年的正月（陽曆），即將袁世凱開缺回籍。攝政王本擬將袁處死，經張之洞力爭方罷。但是袁世凱的實力，在他在小站督練的新軍，袁雖被開缺，掌管北洋六鎮新軍的還是他的心腹舊人。當時陸軍部的部次長廕昌及壽勳，也自知調遣不動。於是先嚴遂乘機向廕昌等建議整編全國軍隊，期以五年，將國內各軍舊幹部，包括袁世凱之北洋六鎮，逐漸淘汰，用國內外新畢業的陸軍學生替代。這個計畫，廕昌、壽勳等，因為他們對在北洋軍中的潛勢力非常猜忌，自然很容易採納的。因此遂得批准施行。

一九一〇年九月，首先由陸軍部奏請太后及攝政王，下命令將近畿陸軍第一、二、三、四、五、六各鎮，統歸陸軍部直接管轄。並裁撤近畿督練公所（即當年袁氏手創之小站練兵所）。第二步是將袁世凱舊日之爪牙，逐漸汰除。如雷震春、倪嗣沖、段芝貴等均先後參革，段祺瑞也於一九一〇年十二月外調江北提督。更進一步是逐漸以富有革命思想的新軍人替代袁派舊人。如同年十二月發表以吳祿貞為陸軍第六鎮統制。翌年（一九一一年）二月，又發表以張紹曾為陸軍第二十鎮統制，駐兵灤州，事實上掌握京師北門的管鑰。其他同他合謀的北方軍界的革命同志，還有藍天蔚、何成濬、范熙績、石星川、張華飛等人。同年先嚴自己也升任軍衡司司長，並極得廕昌、壽勳之信任。他的整編北洋軍隊的計畫，此後當更可順利進行。如果再假以兩三年的時日，那麼京畿周圍的軍隊裡，都可以布滿有革命思想的軍人。那時一舉事即可迅速佔領北京，取得中央政權，革命大業也許可以不必經過長年的戰亂而完成。至少不至於讓袁世凱重新出場，以其北洋軍力作資本，始則要奪總統大位，繼而登極稱帝。也不至於有以後北洋軍閥的混戰，陷民國於無政府狀態者，十餘年之久了。

可惜的是事與願違，南北兩方的革命志士，沒有很密切的聯繫和統劃。雖然先嚴曾將北方的進展，託人轉達同盟會總部，但是南方的黨人，一則是大家斷定了宋教仁所說的「上策」太難施行，一則是沒有耐心再等待兩三年，所以只是積極的布置武漢的大革命。十月十日的武昌起義，因清吏破獲革命機關而被迫發動時，北方同志的布置，實在尚未成熟。吳、張兩人接掌軍權未久，對其部下，猶未能換置心腹黨員，以收絕對控制指揮之功效。張部下尤多旗籍官兵，對革命自不同情。所以武昌起義之後，先嚴雖然親赴灤州策劃，勸張、吳兩軍合力，趁清軍大舉南下之虛，發動首都革命，直搗燕京。但是張、吳兩人猶豫不決，不敢果斷行事。他們尤其不該徒事招搖，電請清廷制定憲法，改組內閣，大赦革命黨人等等。於是事未舉而先已招疑。清廷對他兩人遂生戒心。於是表面上派吳祿貞署山西巡撫，命往討伐閻錫山；暗中卻運動吳之部下，將吳刺殺。同時又命張紹曾為長江一帶之宣撫大臣，實則亦為解去其兵權。那時先嚴已知清廷有捕殺之意，急再潛赴灤州，力勸其以破釜沉舟之決心，革命到底。並親代他擬好進攻北京的計畫。可惜張紹曾決心不堅定，終究不敢單獨採取果斷行動。那時駐奉天的第二混成協協統藍天蔚，也在舉義後被當地其他駐軍所敗。於是在近畿東三省實掌兵符的三位革命軍人，都因準備不充足，勢力猶單薄，而一一失敗。先嚴自一九〇九年入陸軍部以來的苦心慘澹的經營部署，都因為時機未成熟，布置未周全，而被迫發動，遂至功虧一簣，而全功盡廢。這是他每次同我談起，總不免嘆息不已的憾事。

武昌起義之後，一月之內，響應者十餘省；三個月後，清帝即遜位。表面上看來，宋教仁所稱為「中策」的，真算是成功得很快的了。但是細究其實質，實在是失敗了。因為當時革命黨人為求迅速推翻滿清，不惜以未來民國總統之高位為餌，引誘擁有北洋兵權的袁世凱贊同共和。但是袁世凱那裡是傾心民主的人？他那時兵力足以擊破武漢的革命勢力，卻故意按兵不動，一面和民軍講條件，一面逼迫清室退位，完全是為著自己的權位著想。武昌起義的發生，對袁世凱來說，真是「否極泰來」，為他造就「登龍」的機會。但是從整個中國來說，則不但一無所獲，而反遺患不淺。袁世凱不久即蔑視約法，蹂躪國會，以武力取消異己，進而帝制自為。雖然洪憲只是曇花一現，但是繼之而起的十餘年的軍閥混戰，著實使全國元氣大傷，生靈塗炭，政綱盡壞，外侮加深，較之清末的混亂，恐有過之而無不及。吾人事後回顧，能不嘆息懊悔，早知如此，何不再稍等兩三年，待袁氏所恃之北洋六鎮之基本將校，都被更替之後，再發動革命，南北同時舉事，則民國的歷史豈不將完全改觀？先嚴在辛亥以前的抱負，不得如願以伸展，決不是他個人的不幸吧！

先嚴在清末的革命工作，因為完全是失敗了，所以不甚為人所知，但是在當時，亦並非完全無人承認的。他在北方策動進攻首都的革命絕望後，即化裝南下，加入武昌的革命陣營。那時正值漢陽兵敗失守，他就自告奮勇，去九江請援兵。到達九江後，他以前在保定軍官速成班的學生們蔣君羊等，就請他代李烈鈞出任都督府參謀長。他就一面斡旋於九江、南昌兩個獨立的都督府之間，使其職權統一，由原任九江都督馬毓寶去南昌就任江西都督，一面增遣部隊援鄂。居贛不足一月，即接國父及黃克強先生電邀，於十二月底去滬參加新政府組織工作。明年元旦國父就任臨時大總統時，即發表先嚴為陸軍部次長，並授陸軍中將官階。這自然不是酬庸他在江西這一短暫時期的服務，而是承認他在北方的地下工作頗有勞績之故。這一點上，也可以看出黃克強先生氣度偉大之處，因為先嚴所選定的革命路線，與黃先生自己所走的路線，完全相反的。

黃克強先生可算是對先嚴最賞識而且最體貼的一位上司。他除對先嚴言聽計從之外，並親自作筏，促成了先嚴與先慈的婚姻。那時先嚴元配郭太夫人早已去世，克強先生乃自任媒妁，介紹其同鄉革命先進兼教育家張伯純先生之三女公子張淑嘉女士，即張默君先生之妹，與先嚴於民國元年結婚，這就是筆者的生母。先外祖父伯純先生及先姨母默君先生都是同盟會員，並且是策動蘇州光復，促請蘇撫程德全宣布獨立的主謀者。默君姨母工詩詞，擅書法，為女子教育的先進。（歷任立法委員，考試院考試委員，國民黨中央評議委員，一九六五年在臺北逝世）。外祖母何太夫人亦工詩。一九一七年外祖母六十壽慶時，子女輩為其刊印詩集（《儀孝堂詩集》）為壽。先嚴乃為央請譚組庵先生作序。內有「海內奉為女師，異國求其詩草」一句。又有「大家續班史之編，小喬以周郎為為婿」一句，就是指的默君姨母與先慈姐妹兩人。

先嚴一生另一件憾事就是東三省事變之未能事前防止，及既發之後，又未能迅速以「直接交涉」，阻止其蔓延擴大。「直接交涉」在九一八當時，是被一般輿論視同「賣國」的。筆者當時是一個初中學生，也曾隨著學生隊伍，遊行吶喊，反對「直接交涉」過。但是「直接交涉」是什麼，為什麼要反對它，卻和絕大多數的學生一樣，並不了解。以後我去日本留學，並在使館隨侍兩年之久，所以知道的較詳。現在時過境遷，大家痛定思痛，也許能夠冷靜一點，用理智來分析這問題，也可以作為今後外交上的一個參考吧。

先嚴早歲雖曾留學日本，但決非媚日者流。北伐時期，他被任戰地政務委員會委員長，隨軍前進，處理戰地政務，恢復地方行政機構。至濟南時，日本突然出兵阻撓，先嚴與今總統蔣公俱被日軍困於濟南城中。戰委會之外交處處長蔡公時，奉派與日軍交涉，竟遭日軍慘殺。先嚴自己亦被困危城者六日，最後冒槍林彈雨突圍而出。所以他對日軍的橫暴及野心，實有切身之經驗。北伐告成後，他曾經自請出國聯絡與國，以備萬一對日本發生全面戰爭時的後援。但是他認為辦外交是不能感情衝動，意氣用事的，必需熟審敵我實力及國際情勢，然後決定應付方針。對付強鄰，有時不得不曲為應付，一面儘量忍讓，一面據理力爭。如果自己並無意志訴諸決戰，則一發生爭執，即應速循外交途徑談判，以緩和劍拔弩張的局勢。這樣在本國國防準備尚未完成之前，兩國關係或不至於決裂。最忌的是躲避現實，企圖以推諉不睬的方式，對付強敵的要求，而事實上又不能妥籌禦敵決戰的方法。先嚴常談起，清咸豐時的葉名琛，就是專用推諉不理的方式，來對付當時英國通商的要求，等到英國兵臨城下的時候，又只拿得出「不戰不和不守，不降不死不走」的笨法子來應付。結果被英人活捉而去，當作珍禽異獸，令他整天穿著朝服，供人觀覽。不料葉名琛式的「不交涉，不抵抗」的政策，竟重演於九一八前後的東北，真是中國的大不幸。

東北事變發生的當時，先嚴是極力主張馬上用直接外交交涉求解決，以防止其擴大的。他從德國經西伯利亞回國的時候，就發現局勢已緊張到要爆發的程度。日本軍人公開叫囂必需以武力對付張學良，關東亦顯然在積極的作軍事準備。日本方面的藉口是，張學良遇事推諉，事事推托必須由中央政府解決而不與交涉。而中央外交當局又推諉必需地方解決。因此中日之間，懸案山積。日本政府方面之穩健派，主張用外交方式解決中日問題者，均感束手乏策。於是強硬派遂斥其軟弱誤國，而主張對中國用高壓手段。同時日本政局另有一極危險之暗潮，即日本之少壯軍人，不滿其政黨政府之對外和平共處及裁軍政策，組織祕密團體（如天劍黨，櫻會，血盟團等），對內則企圖暗殺彼等所認為腐敗軟弱者，進而建立一軍人獨裁之局面；對外則主張對中國斷乎實行武力侵略，先佔領東北，繼而控制中國全國。其思想上之領導者為北一輝（曾參加我國之武昌起義，一九三六年二二六暴動後被槍決），及大川周明（滿鐵調查部主任）等。九一八之前，他們已經一再執行其「內鋤國賊」的政策。如一九二一年華盛頓海軍軍縮之後，首相原敬即遭暗殺。一九三〇年倫敦軍縮會議之後，首相濱口又遭軍人槍擊。九一八那年的春天，此輩少壯軍人曾策動所謂「三月事件」的軍事暴動，即謀出動第一師團及近衛師團兵力，包圍議會，推翻內閣，捧宇垣大將為傀儡領袖，組織軍人獨裁政府的陰謀。幸而宇垣未予同意，乃被破露而未成功。但在東三省方面，則大川周明與關東軍的參謀板垣等，早已在策劃其所謂事變了。

但是那時日本的內閣已不是濟南慘案時以田中義一為首相的政友會內閣，而是一比較溫和穩健的政府。首相是民政黨的總裁若槻禮次郎，外相是有名的自由主義外交家幣原喜重郎。他在任日本駐美大使時，曾任日本全權代表出席華盛頓會議，對山東膠州灣之歸還中國，及取消在華郵政等權問題，頗表現妥協互讓精神。一九二五年在北平舉行關稅會議時，他已出任外相，曾命日本代表，駐華公使日置益，率先承認中國之關稅自主權。確是有誠意以外交方式改善中日關係的政治家。若槻內閣的陸軍大臣南次郎和那時的參謀總長金谷範三，也都是比較老成持重的軍人，對少壯軍人的跋扈，雖不能嚴格管束，但是至少並不贊成其冒險妄動的行為，並且至緊要關頭也有勇氣拿出他們最後的法寶來加以制止。譬如關東軍不顧日本政府對國聯的諾言，開始攻擊錦州的時候，參謀總長金谷範三，曾應幣原及南次郎之請，入宮請求天皇特頒勅令，命向錦州出動的部隊撤回瀋陽。金谷並宣稱凡反抗勅令者，必以叛逆嚴處。這道勅令曾勉強使關東軍停止向錦州進攻。從這點來看，日本那時的內閣並不願意讓柳條溝事件擴大成為整個東北的吞併，即使那時軍部的首腦也未必願使它擴大的。

當時我國有遠見之政治家，應知日本少壯軍人之抬頭及把持政權，決非我國之福。所以當其穩健自由份子猶能得議會支持，及天皇之信任，軍方之主管，猶屬老成持重的軍人時，應當和這般穩健的政治家取得聯繫，共謀抑制其過激份子的辦法。如果我國一味拒絕與日本任何談判，使彼邦有心人，欲求改善中日關係，亦無處著力；而其強硬份子，在我國之不抵抗政策下，又有不折一矢，不損一卒，而略地千里之奇功；則相形之下，自由和平份子自然無從立足，黷武之軍人，自然更囂張專橫，逐漸的演成軍人獨裁之局面。我國地處毗鄰，適當其衝，自不免更受其無窮之禍。

先嚴在去東京赴任途中，九一八事件即發生。據他回憶錄所述：「余在東京初與幣原商定，以外交途徑謀解決。彼提出要求我承認商租權，彼撤消領事裁判權，即開始撤兵談判。時我政府正在國聯進行控訴，連電阻止。」那時幣原所要求者，不過「土地商租權」，並願以撤消領事裁判權為交換。「商租權」者，即日本人在南滿鐵道附屬地以外，租借土地從事墾殖之權利。日本認為這是根據條約既得之權利，而為我國所不承認者。這就是萬寶山案之癥結。此事自需慎重考慮，但未始不可作談判撤兵之起點。同年十月二十六日，幣原又發表解決東北糾紛之基本條款五項：（一）彼此放棄侵略政策及侵略行為；（二）尊重中國領土完整；（三）凡有妨礙貿易自由及足以惹起國際間仇恨之一切有組織的舉動，一概予以取締；（四）日人在滿洲全境內經營之所有和平事業，予以有效的保護；（五）尊重日本在滿洲條約上之所有權利。並表示願與中國開始談判，以期恢復兩國通常關係，而將東三省日軍撤回鐵路區域。（見《傳記文學》第七卷第五期，金問泗先生著〈舊國聯如何受理我國對日本的聲訴（一）〉）。我國政府，在熟辯深思之後，仍予拒絕，一心一意聽候國聯之處決。

當時我國政府為什麼堅決拒絕交涉，而專心一志的向國際控訴，不作其他打算呢？這問題局外人自然無從知道其詳情。不久以前我國外交界耆宿金問泗先生，曾在《傳記文學》第九卷第五、第六、第七、三期中，連續發表一篇長文，細述舊國聯如何受理我國對日本的聲訴。雖然金先生當時曾代理過外交部次長，但是談到這基本外交方針的決定時，不知是否有所顧忌，不免含蓄其辭。他的大作中有這麼一段：「瀋陽事變消息傳出後，次日即九月十九日，行政院副院長宋子文與駐華日使重光葵會晤，有組織雙方聯合委員會之主張，自是一度試覓直接交涉途徑的努力。我方嗣得確報，此項事變，係日方大規模軍事行動，決非地方事件，遂予取消。亦以其時群情憤慨，政府重視民意，本無直接交涉之準備及其可能。又當瀋陽形勢緊張之際，我國當地軍官，事前原已奉到張學良力避衝突的祕密電令，故當事變突起，我方擁重兵而不抵抗，遂有『不妥協』，『不抵抗』，及『不撤兵，不交涉』種種口號，乃於無辦法之中，決定向國際聯合會聲訴。」（見《傳記文學》第九卷第五期三十四頁）。從這段文字中看，我國之拒絕直接交涉，主因好像是「順從民意」。向國聯控訴並非權衡利害而後選定的國策，只不過是無辦法中之辦法而已。但是金先生在敘述政府如何拒絕前述幣原之五項基本條款時，又曾說：當時在主席官邸集會討論，一部分出席人員認為日本此舉可能是一機會，不妨試探其真意，隨後斟酌的情形，作進一步之處理，不宜不留餘地的拒絕。「一時會場空氣，傾向於採若即若離的態度。然另一部分人則堅持不撤兵不交涉之說，主張拒絕。會有服務M國聯之某君，言於國府要人，謂宜支持國聯立場。討論結果，電令施代表予以拒絕。」這一段記述，想是金先生身歷之情景，又顯然指示，拒絕直接交涉，信賴國聯到底，是選定的國策。而且在討論這國策的時候，本來主張不拒絕幣原的五項條款的似佔多數，唱「不撤兵，不交涉」的高調者佔少數。但是因為有一位服務國聯的某君，向某要人進言，中國應該支持國聯立場，竟使我國決心不留餘地的拒絕了幣原的條款，斷絕了直接交涉的門路。

使中國政府採取了這個國運攸關的重大決策之神祕人物，究竟是誰？金先生不願將他大名宣露。但是識者不難猜出，這就是以奉派調查鴉片問題為名，來華的國聯公共衛生處長拉西曼。他是在波蘭出生的猶太人，曾經是共產黨員。來華之後，竟留下不走，一變而成中國政府的顧問，又居然成為我國某貴顯最信任的智囊，直到勝利後，大陸陷匪時，也才翩然離去。〔關於拉西曼，美國時代（Time）雜誌上，在數年前，曾有一段報導，可惜我記不得那一期了〕。

我國一味聽候國聯處置東北事變的結果如何呢？任何熟悉當時國際情勢的，都知道那時歐美諸大國均面臨空前之經濟恐慌，工人大批失業。他們自己照顧國內經濟的困難尚且不暇，哪有意思在中國自己不抵抗之情況下，出兵替我國驅逐日軍？所以國聯只是討論敷衍，而對日本毫無具體的制裁，其唯一的具體行動，不過組織一調查團來華作實地調查，拖延到一九三二年十月，始提出一報告書，距九一八事變發生時，已經一年多了。而報告書所建議的解決方案，比當年幣原所提之五項條款，對我國更為不利。因為調查團建議東三省應在不牴觸中國的主權完整之下成立一自主的政體；而建立此特殊政體時，應由中日兩國政府代表，及兩國政府各自選派堪以代表滿洲地方人民意旨的代表團（此條自係遷就「偽滿洲國」既成事實而設），組織一「顧問會議」，共同擬製方案。又建議將東三省中日鐵路營業，合併為一，使皆能得到「南滿鐵路技術上宏富經驗的好處」。不啻令滿鐵有支配全滿各路之權。這兩項都遠超過幣原當日所要求的。至於兩國關於在滿洲權益爭執的懸案，則仍主張由兩國自己同時各別談判，倘兩國同意時，亦可請中立國派員觀察，如此而已。（見金問泗文，《傳記文學》第九卷第六期，四十六至四十七頁。）據金先生說這報告書的建議，如果不是日本先加拒絕，我國也不能接受的。

如此，我國一心一意在國聯這座廟裡，燒香膜拜了一年之久，才覺悟國聯只是一座泥菩薩，沒有多大神通的。在這一年「不交涉、不抵抗」之中，日軍已經席捲東北四省，並樹立了偽滿洲國。在日本本國，則若槻民政黨內閣，終因對滿洲事變無力處置，而於年底倒臺。代之而起的，是以犬養毅為首相的政友會內閣。內閣書記官長（即祕書長）就是從前田中內閣的外交次長森恪，這是與軍部一鼻孔出氣的極端侵略主義的政客。陸軍部長換了少壯軍人所擁戴的急進派（所謂皇道派）的領袖荒木。並且參謀總長金谷，雖然直屬天皇，本可不隨內閣進退，也因為少壯軍人的攻擊，而被迫辭職。少壯軍人捧出閒院宮親王出任名義上的參謀總長，而同時擁戴另一皇道派的領袖真崎，出任參謀次長，擁軍隊指揮調度之實權。於是日本陸軍中央也再沒有願意制止其在華駐軍冒險行為的人了。

可是犬養本人，雖然是政友會的總裁，他的政見卻和前任黨魁田中義頗不相同。他是國父的舊友，過去曾在議會發表過演說，抨擊軍部的專橫。他就任不久，曾瞞著森恪及軍部派一位過去曾參加我武昌起義的日本浪人萱野長知，祕密去南京，對我政府表示有意以外交方式解決中日問題。我國那時還沒有放棄不直接交涉的國策，自然沒有具體反應。其實那時調解的時機已失，不久日本軍人察知其對中國和解之本意，即遣數血盟團員，由一海軍中佐率領，白晝闖入首相官邸，將其槍殺。這位老政治家，雖然無力挽回狂瀾於既倒，他的勇氣和誠意也是可感的了。以後日本中央政府就再沒有人敢負責解決中日之糾紛。中日兩國，遂只有不可避免的趨向全面戰爭的一途了。

此時日本駐華各地軍隊，看見關東軍能不費很大的力量，而建立「不世之奇功」，群起傚尤，各在其駐地製造事件。華北的日軍，因得關東軍的就近協助，推進其對華第二步之侵略，尤為猖獗，我國政府這時才放棄了一心一意信賴國聯的國策；決心忍辱負重，不惜與不可理喻之日本軍人，直接交涉，爭取備戰時間。不過那時如有人將《塘沽協定》，《何梅協定》，《秦德純土肥原協定》等，這一串與日本軍人「直接交涉」而訂的城下之盟，和幣原當初所提出的五項條款作一比照，恐怕不免會有一些不勝今昔之感吧。

先嚴使日的第一年是他生平最痛苦的一年。他眼見那時中日關係還有一線用交涉方式挽救的希望，可是他的建議，都被那些迷信國聯的法力者，不負責的唱高調者，甚至別有用心如拉西曼者所壓倒。中央一再訓令不准他和幣原作進一步的探討。因此眼見著日軍席捲東北，國聯只是敷衍，不採任何制裁辦法；而他自己當初負責挽救中日關係的使命，出使日本，如令受著相反的訓令所束縛，使他儘管自覺還有挽救的希望，而竟措手不得。精神上的苦痛是可以想像的。他直到抗戰中期，自己病重的時候，還是說：「九一八事件不如一面利用國聯，一面自己設法了結。」（見先嚴《回憶錄》）這是他很沉痛的衷心之言。

此後中國歷史的幻變，真有些像古時寓言中所說的：「塞翁失馬，焉知非福；失馬滿載而歸，又焉知非禍。」誰對誰錯也就說不清了。不過這一段事變的處理，及在國聯控訴日本的歷史，至少給我們這樣一個教訓：就是在國際機構中的控訴案件的效果，完全得看擁有實力的大國，有無出錢出兵，挺身擔任警察工作的決心。如無一國家願擔當此警察工作，則控訴案只能算是一種博取國際同情，在歷史上略備一案的舉動而已。豈可將國家的存亡安危，完全寄託在這上面？我國在戰後的新聯合國中的「控蘇案」，不也當這樣看麼？

我初去日本讀書時，正當先嚴事業不稱心的時候，但我從未見他表現沮喪頹廢過。這是由於他有一個很健全的人生觀的緣故。他常對我說：「一個人得志時，自當有改善整個社會，整個國家的志氣；就是不得其志時，也當努力使每一個自己所到過的地方，比自己未到以前，略為進步。」所以他每到一任所，必定要對該任所有所改良，使它在自己卸任時，要比接任時改善的多。他對柏林我國大使館的整修，楊樹人教授的大作，已經提起過。我可以將我所親見他改修東京我國舊使館的情形略述一下。

我國戰前的駐日使館（現在東京的中國使館，是勝利後接收的偽滿使館），是在麻布區飯倉片町，蘇俄大使館的斜對面，原是德川公爵的舊邸。德川公爵就是君臨日本二百七十年的德川將軍的後人。明治復政時，末代將軍以奉還政權之功，而封公爵。這座房子是木造的兩層樓房，只有正面有磚砌的表面（facade）。它的背面附著一座高與屋齊的兩層樓鋼筋水泥的大倉庫，想必是統制了日本二百七十年的大將軍的府邸；必須有這麼一座大倉庫，才能容納其累世蒐集的寶藏。這房子雖然很舊了，但還很堂皇寬敞。在先嚴就任時，作為使館，已有三項缺點。第一是沒有暖氣設備，冬季不宜宴客。第二是從臨街鐵門到大門（玄關）；沒有鋪砌好的道路。原來舊式日本的官邸神社的道路都講究用鬆散的細石鋪設路面，但是經過人行車壓，細石子不免陷入泥中，所以必須年年添加新石子。我國使館也許是為省錢的緣故，每年添加的新石子愈來愈大，最後在先嚴到任時，這條道路竟完全是以鬆散的鵝蛋大的卵石所鋪。男子在上步行，尚且時有扭傷腳踝的危險，穿高跟鞋的女子，根本無法在上行走。實在不良於行，也顯得寒傖之極。第三是使館的三面都圍繞著房屋，沒有後門或側門，因此向廚房送菜送貨的商店夥計們，也都推著車出入使館正門，亦不成體統。歷任的公使們，都如此將就下去，不求改進。先嚴一到任就將使館全部裝置暖氣設備。第二步又從臨街的鐵門到使館大門及辦公廳鋪設一條寬大的柏油馬路。又在正門前闢一橢圓形的花圃，使進來的汽車可以迴繞而出。第三步又在臨街的一面加開一道側門，另闢一水泥的小路，繞花園的背面直到廚房，使送菜送貨的店鋪夥計們不必再走使館的正門。這是他根據他的人生哲學的一貫作風。我常想，假使世上人人都努力使他自己所到過的地方，比未到以前，多少略有進步，以留給後來的人，至少不撤下爛污，讓後人去收拾，那麼這個世界豈不就不斷的前進了麼？他的遺訓是我願意終身服膺的。

一九五二年春天，我從華盛頓的國際貨幣基金，休假回臺灣，道經東京，特地去了一趟飯倉片町中國大使館舊址，打算再瀏覽一下這個昔日舊遊之地。不料一進鐵門，就看見舊日起居遊息過兩年之久的那座公爵舊邸，已被戰火燒成一片瓦礫。只有正房後面的鋼骨水泥的大倉庫，依然完整屹立。我踏著先嚴昔日所鋪築的平整的柏油道路，走到這廢墟的邊緣，心中真是感慨萬千。這座大使館的舊址，豈不有些象徵著戰後中國的國運麼？八年堅苦卓絕的抗戰是勝利了，所有不平等條約都取消了，中國應該從此走上穩定發展的大道了；但是如今整個大陸卻完全淪陷在共匪手中，人民又處於水深火熱的專制統治之下，至今掙扎不脫。但願我國民族精神及文化傳統之中，自有其不畏劫火燒煉的核心存在，不久的將來在蔣總統領導之下，能以臺灣為基地，重新光復大陸，重建富強康樂的新中國，使所有先賢往烈的鋪路工作，都不至盡歸虛擲！

目次

蔣作賓回憶錄

余童年游泮，讀明清史，見史可法多爾袞往來書，即潸然淚下，種族革命思想，油然而生。在武昌讀書，每聞新軍號音，如聞塞上悲笳，即動投筆從戎之想；在校與宋教仁、江浴岷同號舍，日謀革命之進行。負笈東瀛，學習陸軍，糾合同志，先從事文字之宣傳。

乙巳年，總理中山先生由歐洲到日本，余等歡迎來東京主盟，加入同盟會，從此革命思潮，風起雲湧，不可遏抑。余等結合學習陸軍各同志，如張華飛、程守箴、王孝績、黃愷元、劉一清等數十人，計畫畢業回國後，腳踏實地，分途進行，掌握軍權，以為革命準備；姜明經等赴鄂，在軍中從事革命思想運動；陳裕時、王孝縝、張華輔等赴桂籌辦陸軍學校，與蔡鍔、陸榮廷密取聯絡；張開儒等赴滇，從事新軍規劃；趙康時等赴川，投充新軍官長；其他各省幾無不有余陸軍同志潛伏其間，余居北方總匯各方之消息，暗中傳達，並密布置同志於各方。余初任保定軍官速成學校教官，灌輸學生革命思想，祕密組織革命團體，繼任舊陸軍部職務。清廷承八國聯軍擾亂之後，朝野上下，均知舊軍無用，亟須改編新軍，吾陸軍同志，在軍參兩部者甚眾，余居軍制司，極力主持整編軍隊，分赴南北各地校閱，汰舊留新，俾同志等得以乘間而入，期以五年，汰盡舊式軍閥，替以有革命思想學生。至辛亥革命前，所有袁世凱之爪牙，舊督撫之鷹犬已汰除泰半，如雷震春、倪嗣沖、段芝貴等皆已先後參革，曹錕要求保一頭品頂戴而退休，張彪、何宗蓮等亦正設法撤換，段祺瑞亦調充江北提督。新軍中革命思潮，漸次蔓延。斯時主持兵本者，為壽勳、蔭昌等，頗為余言是信，後知余為主謀革命者，喟然嘆曰，革命黨人之可畏，清廷大勢去矣。

辛亥永平秋操，清軍思想，顯已搖動；再延二三年，由軍隊中同志主持發動革命；則一切稍有準備；數年袁世凱之亂，十餘年來軍閥之禍，或可減免；不意是時武昌革命機關，被清吏破獲，按冊搜捕，黨人迫於情勢，遂於十月十日武昌起義。斯時也，吾陸軍同志，見各方布置尚未達到原定計畫，然時機已至，不肯放鬆，各方同志，亟起分途策動。在灤州秋操，張紹曾所統之第二十鎮，早有同志劉一清、石星川、邵保、范熙績等，密為計畫；武昌義旗已舉，灤州要求即來，清廷大為震動，派大員宣撫，余與黃愷元、張華飛偕行；陳其采因管理交通關係，亦在灤州，遂共同商議，直搗燕京，實行首都革命；暗為清廷偵悉，先將車輛調去，又將吳祿貞所統之第六鎮調至石家莊；吳祿貞見此情急，趕往石家莊，撫綏所統軍隊，余等亦私自返平。清廷知吳有異志，任吳為山西巡撫，以示羈縻；良弼等認吳等革命性成，非殺之不足以資鎮壓；余等潛知其消息，即遣王孝縝、何成濬等赴石家莊，勸其速赴晉，以避暗算。翌晨，汪、何等至京漢鐵道西站購車票不得，知良弼等已運動吳之協統周福麟暗殺吳於石家莊矣！同志張華飛、周維禎死焉。

殺機已動，余等同志不能再在京活動，遂分赴各省，余再至灤州運動張紹曾，斯時張紹曾已被清廷命為南方宣撫大臣。余至灤州車站，適張離灤赴京請訓，余告以義不可往，並曉以利害，即為所動，誓幹到底，請余及劉一清擬定進攻首都計畫。余與劉在號之野外司令部，星夜趕擬，布置大致就緒，張紹曾決心不堅，忽為星相家所動搖。旗人中有反革命者，見張統制去而復返，純由余所鼓動，群噪圍余，幾遭不測，幸標統石星川率兵援救，始得脫險；夜間屢謀暗殺，均因余種種抵禦，未遭毒手。次晨赴瀋陽，謀與藍天蔚在奉舉兵獨立，行至山海關，悉藍天蔚已失敗，遂折而返津，糾合同志赴武昌，督隊赴前線與清軍戰。黃克強為總司令，漢陽戰敗走南京，余回都督府。黎元洪以下，放聲大哭，余厲聲陳利害，並謂勝敗乃兵家之常，革命軍不能期必勝，漢口漢陽失，尚有武昌！縱令武昌亦失，尚有其他各省，何必效婦孺之泣涕！望苦守一星期，余必請大兵來救。大眾遂收淚，籌防守之策。

余偕劉夔元、程守箴兩同志渡江赴潯，夜深大雪，劉至江心，失足落水，余即俯身救起，然已全身雪水淋漓矣。到內江時，保定陸軍速成學校同志蔣君羊、劉世均等，迎候江干，推余為參謀長，策劃一切。馬毓寶為九江都督，馬帶新軍一標，反正時無多驚擾，雖洪江會如陳樹藩等稍有敲詐，余恩威並施，尚能就範。同志等商定救援武昌，派遣劉懋政、馮嗣洪兩部，出廣濟、黃岡以牽制馮國璋軍左翼，使其漸向下移，緩和武昌攻擊。果我軍一至，武穴、田家鎮敵軍，即紛紛向下游移動；都督黎阮洪，亦派員來軍犒勞。我軍勇氣雖盛，而技究欠嫻熟；由安慶運來之各種火砲，連夜加緊修理，運至戰線上，多不知使用，陣地移動時，棄置山頭，地方民眾冒險乘夜自動運至武穴交還我軍，以此可知民眾之熱心革命，無處不予革命軍以便利矣。

武昌情勢既緩，余即進行江西之統一。爾時江西有數都督，如馬毓寶、彭程萬、胡謙、鍾某等，皆各據一方，不肯相下；余往來電商，責以大義，務求事權統一，始能集中力量，對付敵人。此時李烈鈞尚在安慶，余主張以李烈鈞回贛統一江西，未回贛以前，由馬毓寶先回南昌主持；幸各方均以大局為重，毫無間言，馬遂安然返南昌，匕鬯不驚，江西遂告統一矣。

斯時南京已攻下，南京臨時政府正籌備成立，黃克強等同志，一日數電，促余返滬，幫同籌劃。南京臨時政府成立，余於十二月底返滬，進行政府之組織。

總理新自海外歸來，南京臨時參議院選舉為臨時大總統，以中華民國一月一日在南京宣誓就職，任命黃克強為陸軍總長，余為陸軍次長。政府新成，人心尚未大定，各部亦多未健全成立，尤以財政部長陳錦濤遲遲不來，致財政一籌莫展。張勳盤踞徐州，馮國璋虎視武漢，各省尚未完全光復，籌兵籌餉，推動光復，維持治安，均惟陸軍部是賴。幸陸軍部同志甚多，而能一德一心；上海都督陳其美，參謀長黃膺白，尤能與陸部合作，如軍用票等，先能推行滬上，他處即迎刃而解。臨時政府得以從容渡過難關者，陳、黃兩同志協助之功，固不可沒也。

清廷見大勢岌岌，召袁世凱出山，以圖補救。袁欺凌孤兒寡母，乘機與革命軍議和，以遂其僭竊之妄念。以此等之人，欲其愛護民國，贊助共和，是無異與虎謀皮。吾黨創立民國，若無實力為之保障，勢必為野心家所篡奪；余等同志，即向總理及黃克強總長力陳需樹立三點政策，以為奠定民國基礎。三點政策為何？即南京、武漢、北京三點，需由吾黨確實佔據，民國始有保障，否則民國終屬虛名也；幸蒙採納。首即在南京編練第八師，以陳之驥為師長，陳裕時、黃愷元為旅長，所有團營長以下均為同志，如張華輔、李凌、袁華選等，並改編其他部隊，俾其逐漸黨化。同時收容保定軍官學校學生，成立南京軍官學校，培養建造民國之將材。後日本人見南京第八師，訝為東亞模範軍，並在袁世凱前譏之。是南京一點，已稍樹其基，余又至武昌與黎督面談，陳述武漢之重要，請多用同志，改練新軍。並陳武漢與南京須切實取得聯絡，然後贛皖蘇浙，可成為一線；閩粵湘桂川滇黔之政權，又係握自吾黨人之手；從此勤加治理，袁世凱雖狡，亦無能為也。

和議告成，總理讓位於袁世凱，唐紹儀為國務總理，南京臨時政府同人，一律辭職；余以材短事繁，辛勞過度，辭之尤堅。總理及黃克強力促余隨唐北上，以遂行其北京之第二點政策。不過北京一點，最為困難：以革命時同志多已南下，尚無基礎，袁世凱布置較為嚴密，著手不易。初意新編第八師，以陳之驥為師長，陳係河北人，欲以此地域關係，設法移置北平或熱河，以為黨人握實力之準備。故余隨唐北上，繼續為陸軍次長，陸軍同志，亦多隨往。此時袁世凱帝制自為之念已萌，對於黨軍極端仇視，尤以余在陸軍部視為眼中釘，屢欲以農商總長易余而去，本黨在國會同志，察其陰謀，未予通過；此袁所以日夜提防余不置也。

袁之陰謀，在先擊破南京，而同志不察，處處墮彼陷阱；余在肘腋，知之較深，派同志陳乾赴贛皖各省，密告袁欲激怒黨軍，令其速發速滅，吾輩需切實團結，檢練軍隊，鞏固基礎，少言多行，待其罪惡昭著，同時起而撲滅之，庶乎有濟，萬不可輕舉妄動，致為所乘也。不幸而余言中，袁果到處煽動兵變，散布流言，挑撥離間，卑污苟賤之手段，無所不用其極。先解決南京留守府，繼去贛李皖柏，復利用鄂黎湘湯，黨人的陣線，早已瓦解，故癸丑二次革命，不旋踵而即崩潰。南京基礎之第八師，及其他改編良好隊伍，亦隨之斷送，至可惜也。

總理因二次革命失敗至東京，恨黨人之不用命，再成立中華革命黨，非無因也。此時余在北平，已失自由。隨班進退，無所事事，見同志遇有危險能解救者，則解救之耳。北平一點，非獨未能建立，而南京武漢兩點，反先後遭其破壞。此軍閥之禍，蔓延十餘年而不能撲滅淨盡者，此三點政策，未能實行，實為一大原因也。余材識棉薄，未盡厥職，至今思之猶有餘痛。洎袁帝制興，余稱疾離職，被幽於西山數月。袁臨死約余談，大悔前非，欲余約黎一見，交以國事，黎掩耳不聞。噫，平素以詐待人，及其將死言善，而人亦莫敢信，可不哀哉。

民國五年，袁死黎繼，段祺瑞任國務總理，勸余出任參謀本部次長，赦黨人，復國會，大有民國復興之象。黎固庸懦，可與為善，可與為惡。段則知識簡單，剛愎自用，群小包圍，離共和之精神甚遠，與黎亦不能相容。余與段氏同事甚久，忠告之點特多，勸其遵守約法，納民於軌物，廢私人軍為國軍，多用黨人，使政治一新，劃清權責，勿生府院之爭，勿釀川亂，以驗蜀後治之謠。段氏思想陳舊，封建頭腦，猶未化除，凡袁氏不道德之行為，仍遵守不替，先與黎衝突，欲取黎而代之。余勸段曰：黎庸懦無野心，三年易過，公如循法作去，第二任大總統，非公莫屬；倘違法亂紀，恐欲速而不能達。段氏不納，積極籌編私人軍隊，視軍官學校為己物；異己者必鋤而去之；挑撥川亂，使川人互爭不已；挑撥各軍，使其互相火拼；獎勵以下犯上；召集督軍團，暗示復辟逐黎之意，先嗾徐樹錚在徐州與張勳及其他督軍訂復辟之約，繼引張勳帶兵入京，實行逐黎復辟之舉。張勳愚昧，貿然投入羅網，段復在馬廠誓師討伐，真所謂狐埋狐搰，不值識者一噱。故張勳對大眾謂段祺瑞及各督軍約我來京復辟，他們又來打我，我將他們憑據宣布，看他們如何。段等聞之，多方勸解始息。此一幕為去黎倒張再攬大權之幻劇，凡有血氣者，無不嗤之以鼻，余見侮黎太甚，冒險入府，挾黎而去，張怒段恨，幾欲得余而甘心，然余正氣淩人，彼等亦莫可如何也。

幕閉矣，段入京矣，余知北方革命時機尚早，遂毅然決然去而之他。段派湯化龍留余，余告湯曰：君代段來留余，余勸君速去。湯不悟，辭眾議院長，而就內政部總長，為助段解散國會之一人，良可惜也。

六年夏，安福系橫行，段祺瑞已將國會解散，總理遂率海軍南下護法，余之滬。歐戰正酣，余請由美赴歐考察，在美各地華僑，及各同志備極歡迎，余詳細報告國內狀況，俾曉然於國內革命尚未成功。七年秋渡歐，正值停戰議和。余得遍閱各戰場，及東歐巴爾幹、土耳其、希臘各地，年底返國赴粵，將國際趨勢，及將來思想，備陳無遺。

爾時安福系肆行無忌，軍閥無惡不作；吾黨欲護法，必先倒軍閥，軍閥不倒，法無可護。鄂為規取中原之中心，軍閥每利用以擾亂四方，吾黨非取得武漢，不足以援應兩廣。王占元盤踞湖北，久失人心，余遂邀集兩湖同志，高唱打倒王占元之口號。風起雲湧，各地響應，如孔庚、夏斗寅、何成濬等尤為奔馳最力，結合湖南趙恆惕、魯滌平、唐生智、宋鶴庚等，於十年夏，大舉攻鄂，推余為湖北省總監，主持一切。兵進蒲圻，王占元棄職潛逃；吳佩孚乘機而來，順收漁人之利，湘軍不察，亦有被其欺騙；余洞悉吳佩孚之為人陰謀妄誕，余首先摘發其奸，恐終吳佩孚之世，決不能出余所料也。

十年秋，余偕孔庚赴粵謁總理，報告討王占元經過。此時，總理已被非常國會選舉為大總統，正準備率師赴桂林進行北伐，組織大本營，任余為大本營幕僚長，籌備出兵計畫。十年十二月，師次桂林，秣馬厲兵，即待進發，奈陳炯明暗結軍閥吳佩孚，屢阻其行，余與孔庚百計勸喻，莫能回其朔逆之心，此誠大不幸之事也。

十一年春，廣州、桂林情勢日急，總理決計返旆廣州，改道北伐；師至平樂，總理猶囑余再電陳炯明，促其覺悟，陳終不悛，故免職以待自省。十一年夏總理親征至韶關，設大本營於舊鎮署，余與同僚詳密擬訂出兵方案。前方有數主將，即許崇智、李烈鈞、朱培德、黃大偉等，統帥為大元帥，不能親至前方指揮，必須有詳密時日地點兵力步驟之精確計畫，始能收合作整齊之效；幸師出有名，理直氣壯，屢戰屢勝，已克贛州，進攻吉安，忽有六月十六日陳炯明之叛變，總理先數日已見情勢不佳，返廣州鎮懾，殊不知陳炯明竟不畏一切，冒大不韙而作亂也。

陳炯明兵攻總統府，總理密登兵艦，前敵我軍不敢再向前進，徐徐向後撤退。余被楊坤如匪軍圍困於韶關，設法間道來省，葉舉偵知，派兵圍捕，余已登香港渡輪，幸未遭其毒手，然亦險矣。至黃埔即轉登永豐兵艦，晉謁總理，請示進行方略，命余速返滬，聯絡滬何浙盧，以打破陳炯明勾結之直系軍閥，並謀粵軍回粵。此時曹吳擊敗安福系及奉系後，余等同志姜登選、翁之麟、張宣等紛往奉天整編軍隊，以為打倒曹、吳之用，余亦前往參加計畫焉。

十二年總理回粵，陳炯明負固一隅，尚不肯投誠。余代表赴浙，每月不下數次，幸余與盧交頗厚，暗中得其援助我革命軍者甚多。其時有所謂孫、段、張三角聯盟，實則總理欲以三民主義革命道德感化之耳，段、張見利則趨，安知聯盟之道義哉。

十三年秋總理見北方軍人實行首都革命，驅逐曹、吳，請其北上主持，段祺瑞見有機可乘，先總理至北京就執政之職，置總理於不顧。余勸總理曰：段為人心險而剛愎，不可與共事，需加注意。總理曰：我年來革命，多在南方，我必欲至北方以覘人心之向背，種下革命種子，以待將來收穫；遂抱病繞道日本至津。其用心可謂苦矣。余至津謁談，病勢漸重，極力主張召集國民會議，廢除不平等條約，洵以段、張等之見利是趨，不甚介意，並深知其不久必敗也。十四年春總理扶病至平發，竟於三月十二日逝世，全國人士，同聲悲悼，北方人士尤為感動，所留革命印象至為深刻，以此可知總理行動，均有深意存焉。

余於治喪後，十四年冬，至河南為岳維峻布置軍事，告以吳尚在岳州，沉機觀變；孫傳芳在寧，假托五省聯軍總司令名義；陳嘉謨、蕭耀南在鄂，以督軍省長地位，仍欲擁吳再出，吳出必阻我革命軍之進行；河南地關重要，必須絕對防守，以待我軍之援助，期以一月，不可有失。余遂急走贛，十五年春正，抵南昌。江西督辦方本仁，素與革命表同情，余前驅王占元時，頗得其援助，今見余至，連夜深談，當即決定對於所部各隊，密下動員令，糧秣運輸，積極準備。余派同志楊在春、張華輔赴湘。約趙恆惕、夏斗寅所部，會同攻鄂，進援河南，以為北伐之先鋒。余又派劉笑澄赴粵，陳說北伐之時機已到，贛已準備發動，惟方本仁係謹慎人，必須粵為後援，始敢動作；武漢易於攻取，且河南岌岌可危。夏斗寅部已進至平江附近，速則贛、湘合力，吳佩孚必不敢出，遲則湘、贛解體，吳必捲土重來，河南亦決不可保也。不意遲至二十餘日，始得汪精衛主席一電，僅言贊同，無若何主張。岳維峻已不能支持，全軍潰散。南京孫傳芳、湖北陳嘉謨，已知所準備；湖南趙恆惕，為吳誘惑，懼不敢發；江西內部，鄧如琢等為孫傳芳收買，且欲取方而代之；大好機會，竟因遲緩而錯過，坐令吳佩孚再行出山，橫行中原，阻我北伐。古云兵貴神速，信不誣也。

余不解廣州遲不來電贊成北伐之理由，及至粵，始悉共產黨人極不主張北伐，意欲在腐敗軍閥下，易於祕密進行共產工作。人民水深火熱，在所不顧，若北伐功成，政權必歸國民黨，政治清明，決不能容此陰謀也。聞之無任愕然。余往黃埔謁蔣介公，陳述以上經過，並歷指軍閥弱點，應即時舉兵北伐，可望成功，介公極為贊同。又往謁代主席譚組庵，言及北伐，渠甚不謂然。余曰：君等將老死於廣州乎？譚曰：非不欲北伐，力不足也。余曰：君等將俟其力足而後北伐乎，恐君等增一分之力，軍閥增倍之力也；現時吳佩孚已再出山，深知吾黨將大舉北伐，亟謀團結，不如乘其未成而擊之，可事半而功倍也。譚私告余曰：某國補充尚未到，惟某方尚不肯積極進行耳，俄顧問鮑洛廷已來，請君與談之。余約鮑與談，鮑詳詢軍閥實況，及應如何北伐進行，余費數時之久，開陳大勢，詳指計畫。鮑曰：宜離開海岸線，勿與帝國主義相衝突。余曰：海岸線無關係，所慮者只耳。鮑頗為首肯。此時余在粵任國民政府委員、軍事委員會委員，過從稍密，共產黨似不甚堅決反對北伐矣。

蔣介公識見高超，眼光遠大，十五年七月，即毅然統率國民革命軍誓師北伐，任余為湖北宣撫使。余先赴長沙，在鄂、贛各方軍隊，多派人來湘接洽投誠，余又派員至各方曉以利害及大義。此時足阻吾北伐軍進行者，厥為吳佩孚，直系之鄂陳、贛鄧、寧孫，然其內部尚多複雜，而未能統一，吳在長辛店，與張作霖合作，亟欲南下，以謀統一之方；倘吳果能南下，坐鎮武漢，團結各方，則吾北伐軍進攻更多障礙，蔣介公遂派余赴奉說張作霖，阻吳南下。余至奉，張即出章炳麟電，請殺余以免離間張、吳合作。余笑曰：革命黨如余者，車載斗量，殺之何損於吾黨；試問君真能與吳合作到底乎？君竟忘山海關大敗之恥乎？張即轉言曰：我戲言耳。楊宇霆密告余曰：已決定滯留吳佩孚在長辛店不使南下，俾直系各軍得以各個被北伐軍擊破。余在奉時，張學良、張宗昌、韓麟春等聯銜電張請殺余。余曰此何也？楊曰：孫傳芳、吳佩孚之代表王占元等在奉天，不如是恐彼等見疑耳。余事畢，張派暗探護送至朝鮮邊境，余至長畸乘輪返漢。到漢時武昌、南昌已下，吳佩孚終未得離長辛店一步，大勢已去，吳亦莫能為也。

介公欲余組織湖北省政府，人選已發表。鮑洛廷等至鄂，屢派人欲余接受其條件，始允援助。余曰：余為國民黨員，不知其他條件。與鮑等意見不洽，未肯擔任。十六年春，武昌與南昌空氣日見惡劣，鄧演達等高唱打倒蔣介公之口號。余密走南昌，告介公曰：共產在武漢另有企圖，國民黨同志變節者甚眾，須積極前進，打開一條血路，始有生理；否則上有武漢壓迫，下有南京、安慶阻擾，進退維谷，國民黨休矣；余與安徽陳調元、范熙績事前有約，可不費一兵而反正，安徽不戰而過，金陵可得也。介公欣然請速往，余即買舟至安慶，遙見遍懸青天白日旗相迓。余即邀陳調元同赴南昌，與介公相見，商籌進取南京之策，並由余與介公介紹陳入國民黨。陳與介公一見如故，意志極洽，即偕陳與余同至九江，換乘濬蜀兵艦，至安慶停駐兩三日，留余在安慶組織省政府，陳調元帶兵隨介公進攻南京，移國民政府於南京而奠都焉。

寧漢分立，介公又下野，軍閥見有隙可乘，孫傳芳聯絡張宗昌等捲土重來。幸龍潭一役，轉危為安，此時國民政府為常務委員制，留原者僅二三人，余仍係國民政府委員、軍事委員會委員，遂以委員資格慰勞軍隊，安撫人心，首都終未為敵搖動。介公不久返京，大局漸定，清黨事起，寧漢又合作矣。

十七年夏，介公再統帥北伐，任余為戰地政務委員會主委，代表國民政府處理戰地各省政務，分民政、外交、司法、交通、教育、實業各處，由各該部派員組織，隨軍進至兗州。我軍連戰連克，山東各縣多已恢復地方組織。次年著手廢除苛政，減輕負擔，人民大悅。全魯縣法院次第成立，司法之獨立，山東可謂創始。一切政治改革，正積極進行。

五月三日進至濟南，日人變作矣，本會外交處長蔡公時死焉。介公以統帥最高長官未便久困危城，於五月五日先離濟南，移至指揮便利之處。余被困至五月九日晨，知敵人已絕對不可以理喻，遂冒槍林彈雨突圍而出。余平生最大刺激，以此次為第一，必思有以報之。戰委會仍移至兗州，北伐軍仍繼續進行，河北各縣亦逐次克復，撫綏人民，調整官吏，至費周章。閻錫山、馮玉祥兩部同下北平，對於機關接收人員任免，爭執不已，如一縣長或一稅收官吏，每同時任命二人，相持不下；余素抱選賢與能、大公無私之態度，制定所有官吏之任命、機關之接收，一律須由余處理，閻、馮兩部，始各翕然。

余於舊端午節前一日抵北平，張作霖已退經北寧鐵路至皇姑也，為日人炸斃。楊宇霆尚屯紮山海關，余電楊宇霆速照在奉所商計畫進行，即我軍到河北，彼退東三省，從此南北合作，共謀建設；楊覆電頗覺困難；余甚詫異，派人偵察，始悉東三省自張作霖被日人炸斃後，張學良、楊宇霆意見甚深，不能合作。介公適於是時到平，余即詳陳東三省內幕，將來能歸於國民政府旗幟之下，自不成問題；惟兩雄不並立，張、楊兩人，須留一人在奉，調一人至京，始能兩全其美；介公韙之。惜此策尚未實行，張學良已將楊宇霆槍斃，國家與地方兩受其害，至可嘆也。

北伐告成，余將戰地各省市政務，分交各主管部接管，解散戰地政務委員會，余孑然回京。此時大局雖告平定，統兵者仍野心未戢，人各異心。余念濟南之恥辱，必思有以昭雪，內則勸告各統兵者，槍口不可向內放，外則必求友邦以為援助。請於蔣、譚兩公曰：北伐已告成功，國家已粗具統一，日人必更忌我畏我，我若不急謀抵禦，勢必為彼暴力所乘；彼係強寇，決非我一國所能應付，假若有事，日人必以海軍封鎖我海岸線，非先為國家開一後門，則緩急莫不可恃也。余擬個人出外考察，決定聯絡與國。蔣、譚兩公欲余兼一公使之名義，以便運用。

余於十七年冬，奉命為駐德公使兼駐奧國公使。我國因共產黨關係，早已與蘇俄斷絕邦交。余臨行請曰：日本必須常與交涉，不可過於冷淡；蘇俄必須復交。余此次出國欲聯絡德、俄，以為我國緊急時之後援。余到德，與德外長斯特萊斯曼，及寇悌西等談及畢士麥外交政策，終身主張親俄而成功，威廉第二改變方針而失敗，此時德若與中，俄連成一氣，必易復興；德社會民主黨執政極朝上余言。俄雖與我國未復邦交，私人往來尚密，俄大使克勒登斯奇每與泛論世界大勢，甚以中俄未復邦交為憾。

十八年春，日內瓦國際聯盟開始會議，余與蘇俄外交委員李維諾夫均出席，由俄大使克勒登斯奇密為先容，余與李維諾夫談論頗洽，互為批評。余責俄國共產黨擾亂世界之不當，不考人國之歷史，不察人國之國情，濫行煽動，言出不行，徒自損其威信耳。李責中國革命之不徹底，力辯並未援助中國共產黨有所活動。李復詢余曰：俄國對中國革命不無相當援助，何中國恨俄國反較恨其他帝國主義國家為尤甚！余答曰：此當然之理也。何以言之，他國皆彰明顯著掛帝國主義之招牌，俄國則以打倒帝國主義，援救被壓迫民族相號召，而實行如何？恰與此相反！如中東鐵路，本為舊俄帝國主義侵略之遺物，屢次宣言交還中國，不惜食言而肥；外蒙古明明為中國之領土，反助外蒙古而獨立；中俄協定有互不為害政府之行為，俄則暗助共產黨之橫行，此非所謂掛羊頭賣狗肉乎！安得而不恨。李曰：非也，中東鐵路關係中俄兩國甚重，中國國民黨勢力尚未及於東三省，日人虎視眈眈，故未敢貿然交還中國；現中國已統一，即可開始談判交還手續。外蒙古至今仍為中國領土之一部分，中國統制力量若能達到外蒙，俄國亦可相當援助。至共產黨一節，實有誤會，共產黨係第三國際各國人所組織，蘇俄係第三國際之一部分，只有共產黨管蘇聯，蘇聯不能管共產黨；在中國之共產情形如何，蘇聯不能負責。余笑曰：蘇聯與共產黨，殆二而一，一而二者也，何必為欺人之談。李鄭重言曰：確係如是，去歲英外相張伯倫所言與君相同，所坐之位亦係在此，我亦以此答之。不過對世界各國之共產黨，蘇聯常以前確有經濟援助，現則實行五年計畫，專心整理國內各種建設，以為世界共產黨之模範，業改以前之方針矣。我今忠告中國，對於共產黨之取締，應制定一嚴厲之法律，凡在法律範圍內者，准其活動；否劇加制止，若徒肆殺戮無益也。俄國對中國係平等國家，此種法律，所有俄國外交官領事僑民等，當均一律遵守。言至此，李曰：中俄兩國確有密切關係，我們兩人可在此簽訂一互不侵犯條約，作為恢復邦交之禮物，使帝國主義者，大吃一驚；我係外交部長，可代表俄國即可簽字，君如何？余曰：俄國果能了解中俄兩國確有密切關係，改正以前對中國不友誼行為，當然有訂互不侵犯條約之必要，不過君為外交部長可全權代表俄國，余係公使不能不請示政府，俟有訓令如何耳。

蓋以俄國此時國際地位頗孤，亟思與各國恢復邦交，以便安心建設。英國國會將改選，工黨有出而執政之趨勢，英國工黨出而執政，必首先與俄國恢復邦交；英與俄恢復邦交，俄國在國際地位，即漸趨鞏固。我國與俄疆連萬餘里，不戰則和，萬不能久斷邦交，聽其自然；現彼正求我，我若與之訂交亦其宜耳。故本此旨及李維諾夫所談各節，密電政府。主持外交者不察，漫以中國法律尚未完備，未便與俄恢復邦交，請虛與委蛇可也云云覆之。余於日內瓦會議畢，赴奧國遞國書，李維諾夫至柏林候一星期之久，無結果而歸。

國內內亂又起，共產黨益復猖獗無忌。十八年夏，張學良搜查俄領事館，致釀中俄之戰，實則僅東三省與蘇俄之戰。此事初起，余迭電阻止，並力言俄國軍力不弱，萬不可輕易開釁，俾日人坐收漁人之利。竟置不理，以致連戰連敗。復命余交涉沒，費數月之力，得德政府之暗助，可謂交涉順利，即中東鐵路經中國一方面改變之新狀態，絲毫不變，僅換一新局長，並即日開會議商談交還中國；其餘依中俄協定辦理。其間幾經波折，以底於成。竟由張學良擅自與俄訂一絕對象反之伯利協定而了之。喪權辱國，莫此為甚。余憤極電詢行政院長代主席譚組庵，國內外交涉何如是顛倒？譚尚不知伯利協定內容，反電余詢之。國事之兒戲，抑至如此，非僅俄國啞然失笑，日人輕視我國之心，亦從此而起，故侵略侮辱各案，相逼而來，至可歎也。

余出國時，商得進行之政策，因內戰關係，至今未能有成。二十年春，余無心在外，電請介公准允返國；介公准之，並電余順道往俄考查。此時我國尚未與俄恢復邦交，且係新戰敗簽訂辱國條約之後，余實無顏而往，然此事必須由彼自動歡迎，而後始便於前往調查。俄駐德大使知之，電告李維諾夫，李至為歡迎。余於二十四年四月至俄，沿途大雪滿地，儼然一銀色世界，地寒民苦，非奮鬥無以圖存。余晤李維諾夫，李即握余手曰：我兩人計畫未成，致釀此次大不幸之事，將來終必照我等計畫施行也。余曰：時機亦有關係，此次之事，兩國政府均應負其責也。相談甚歡。此時正值莫斯科蘇聯代表大會開會，介紹余先參觀大會，彼自豪曰：世界無此最大之民意機關，約有三千餘人。又介紹至各種建設機關參觀，余北由列寧格勒，南至高加索，西自烏克蘭衣，東至中央亞細亞，作一走馬看花之參觀，所得印象，即人人節衣縮食，努力建設國家。有人曰俄國國民苦矣，殊不知俄國在帝制時代，已苦不堪言，非今日苦於昔日也。

歸經西伯利亞，路過東三省，沿途考查，洞悉日人謀我甚急。至南京向當局力言，對日交涉之不容忽略，並建議仿德對俄例，速設中日交涉委員會，俾有談話機會，以免日人動輒謂中國不與交涉。此時日人所釀成之萬寶山案、朝鮮慘殺案，任意橫行，無理之要求，已接踵而來。政府欲余赴日本充當公使，設法補救，余曰晚矣，日人野心已發動，外交當局以前過於疏忽，此時欲圖補救難矣。

二十年八月末，任余為駐日公使。九月初，余先赴北平，因張學良在平，仍操東三省大權，余不得不親往詳加研究。匪見余即問曰：日本此時不至吞滅東三省乎？余答曰：時機甚好，此時所未知者，日本有無政治家耳。即與密商以後應取之步驟。九月十五日，至瀋陽。日本滿鐵總裁為內田康哉，副總裁為木村，內田在大連，木村來瀋陽與余談，甚憤張學良之無禮，不與見面。余曰：張學良正約君與內田君見面談話，一切事皆可當面接洽也。余並詢中日兩國政府今後應取如何態度。彼亦有所陳述，余晤遼寧當局臧式毅，據其報告，日人近來橫行種種肆無忌憚，余甚疑日人恐不久有動作也。十七日晚車赴朝鮮，十九日晨過平壤，接閱號外，驚悉在瀋陽之日軍已於九月十八日晚，無理暴動矣。到京城與朝鮮總督宇垣一成晤談，余痛言日軍閥此種舉動之非，應速約束，以免擴大，一切可由合理合法之外交途徑解決。宇垣曰：我極贊同。即電政府請其約束，決不令其擴大。實則宇垣亦無制止能力，如林銑十郎，即為朝鮮駐軍司令，在其指揮之下，擅自開動，亦莫可如何。沿途接見各新聞記者，余即痛責日人思想之錯誤，軍閥之妄為。

抵東京，幣原約談，余即嚴重抗議，渠即商互派大員調查瀋陽事件。窺其內閣原意，似不欲此事件之擴大，軍閥多不聽命，致陸軍大臣去職，易以少壯派荒木貞夫；我國張學良又絲毫不加抵抗，任其如秋風捲落葉，瞬即奄有東三省。余在東京初與幣原商定，以外交途徑謀解決，彼提出要求我承認商租權。彼撤消領事裁判權，即開始撤兵談判。時我政府正在國聯進行控訴，連電阻止。一般人皆曰世界大戰即將發生。

余曰否，因美國海軍未充實，不敢戰；英國經濟恐慌，不能戰；法國持盈保泰，不欲戰；

俄國素利用帝國主義衝突，不肯戰；世界大戰何由發生？況我國此時毫無準備，勝敗均於我無利。九一八事件不如一面利用國聯，一面自己設法了結，未得允許。其後幣原去職，犬養上臺，亦有意進行解決，終遭殞命。日本內閣，因經一一二、一二八各事變，政綱日益不振，更無人敢負責解決，中日之事矣。余二十年自九月十七日道經東三省赴日本，至二十四年十月始卸任，經過四年之久，所耗心血，未可以言語形容也。

二十四年十一月，介公任行政院長。余任內政部長，值大舉剿共之後，一切政令法制，頗為紊亂，均移交內政部切實整理，俾臻完善。余即督率僚屬，昕夕釐訂各法律歸於簡單劃一；選練專員及縣長，設縣市行政講習所，輪調專員縣長等來所訓練；整頓警察，設警官學校及各訓練班，以資改良；普遍整編保甲，厲行自治，清查戶口，肅清吏治，勤求民瘼。地方有未完全統一者，不惜親往指導。二十五年冬，巡視政治至西安，適逢十二月十二日張楊之變，張來見，余誡以三點：一、蔣委員長為全國領袖，須尊重其人格，保全其安全。二、汝須顧全汝之自由。三、須速謀下臺之法。余等被羈至二十五日，始復自由。蒞任二年，全國內政漸入軌道，選舉國民大會代表，亦能粗具雛形，余任全國代表總選舉事務所主任，並任東四省為代表選舉總監督、全國職業團體代表選舉總監督；倘無故障，當能如期開會矣。

不幸二十六年七七事起，內政部即推動全體動員，惜平時一切設施，多為敵毀。十一月中旬，國軍在滬苦戰三月餘，已逐漸後退，南京亦將不守，國府已遷移重慶，其他各機關亦退武漢。安徽即變為最前線，任余為主席，十一月二十一日奉命，二十三日到任。前方緊急，省內無一國軍，僅恃臨時編組保安團隊以資抵禦。十二月南京不守，散兵難民，漫地而來，傷兵到處滋事，余預為準備：一面派員負責管理傷兵，傷癒即編為榮譽大隊，一面派員到各要口，招待散兵及難民，成隊者，原隊招待給養；零星者，人槍一併收容；不願者，僅代管其武器，一律分電各原隊，派員接領，或編成整隊，交由師管區司令訓練。各難民則指定各救濟機關，散發口糧，妥為撫慰，指引避亂地點，訓練學生，發動精神總動員，分發各鄉間宣傳，並鼓勵服兵役。南京撤退，安慶亦不能固守，安徽根據地，則在六安，即決定遷往守之，分布各保安隊，並令各縣長督率壯丁隊，固守各地。如和縣王殿之等，率壯丁隊，與敵周旋二月餘。臨敵各縣，賴以固守者，多係本地壯丁。安徽民眾強悍，若善用之，真可為軍隊助也。厥後李宗仁、李品仙率大隊到皖，中央改變政策，軍民統一於該戰區司令長官，遂任命李宗仁為安徽省政府主席，余即於二月卸任，回中央監察委員本職。

我總裁本多年政治之經驗，創立行政三聯制，以設計執行考核互為運用，方得促進行政之效率，乃於二十九年冬，設立黨政工作考核委員會，余奉派為政務組主任。或以責重事繁，且易招眾怨，勸毋就；余以總裁之命，未敢故違；而政治之起死回生，尤關重要，不可以利害難易為趨避；遂慎選人員，積極籌備，逾月成立。惟制度草創，諸待規劃，如釐訂考核辦法，審核工作報告，派員實地考察，皆須逐步實施。兩年以來，覆核二十八年度中央各機關工作成績，考察中央地方二十九及三十年度工作。余嘗見同人告之曰：各機關工作表報，是否翔實，需實地考察，切實查詢，出以公正，據實直陳，不得蹈虛謊隱飾之弊，任何責任吾當負之。各同志咸能體察斯旨，故考查報告均尚切實，經覆核具陳，多蒙批准，如擬分飭改進，於修明政治不無裨益。余對此私心稍慰。兼任本組副主任蔣君廷黻，以行政院政務處處長本職綦繁，未克到會。余以衰年，獨任重職，煩勞實多，而生平做事不敢苟且，或稍偷安，既須殫心會務，而客秋出席八中全會，要案復多，並顧兼籌，晷刻鮮暇。一日在會治事至晚，頭眩汗出，憊不可支，歸而疾益劇，急投藥餌，乃得漸減；醫勸長期休養，余念國難方殷，總裁宵旰憂勤，求治心切，藐躬寧敢自逸？故仍力疾趨公。今歲元旦參加國民政府團拜典禮後，疾又大作，始不常到會，委諸祕書李君基鴻，代為負責，李固三十年同志，又係至交，勉受弗辭，凡重要事務，仍就余商而決行；余亦於病榻間，時時縈念會務，故核閱要牘間有力疾一至，鞅掌猶勞，茲以接替有人，李亦拜副主任之命，余自是仔肩獲卸，得以安心調養，或可漸起沉痾。黨國艱難，戰禍未已，抗建事業，全部尚待同志同胞之努力，余以病軀委轉床褥，未知何日方能恢復健康，以報黨國；是誠內疚而刻不容安者。

追隨蔣作賓大使的回憶

楊樹人

在我的記憶之中，我最先知道蔣雨巖（作賓）將軍，彷彿是民國十七年春天他出任戰地政務委員會主席，隨北伐軍進入山東的時候。其實，從清末以來，他早已是革命運動和建肇民國的要人，可是我在早年讀書時代，只知讀書，所以關於他過去轟轟烈烈的偉績，全然不曉。十七年起我離開學校，初入社會就業，開始留心國家大事，當我看到報載新設戰地政務委員會的職掌，我私下以為，這是國家走上了軌道的象徵。從前軍閥，攻城奪地，只知位置私人，搜括百姓；現在軍政分開，戰地政務全歸這個委員會處理，自然是大不相同了。同時也覺到當局既然以如此重責，付託給蔣雨巖將軍，其信任之深，以及其個人的資望之高，自不待言。我絕未想到，兩年以後，會變成他駐德公使任下的一個起碼的外交人員。

我在紀念另一位外交老前輩夏恒青（維崧）先生的一篇短文（《傳記文學》一卷三期）

裡，曾經說明，我是在十八年六月奉派去莫斯科駐蘇大使館服務，七月下旬因中東路事變，蘇俄片面堅持斷絕邦交，而再奉令隨著蘇館一部分人員調赴希爾新福（Helsingfors）駐芬蘭公使館待命的；這一待便待到了第二年的四月。當時的外交當局自信有辦法，打著如意算盤，以為不久便會再恢復邦交的；然而後來的事實，卻打破了這個幻夢！

在我們待命的期間，中東路的案子發展成由蘇聯帝國主義者以武力侵略我國量東北領土，與張學良的地方軍隊開釁戰爭，終至東北軍敗績，中東路再為俄人佔領。關於此後的外交的問題，原先是由國民政府電令蔣公使，經過德國外交部的斡旋，和蘇外交當局談判的。可是，這個談判竟然為俄羅斯人利用為兩面外交的大好機會，另在東北，憑藉壓倒性的優勢軍事力量，實際佔領的既成事實和恐嚇騙詐兼施的詭譎外交手段，誘惑張學良和蘇聯直接交涉，最後簽訂所謂的《伯利協定》。依照這個協定，由東北地方當局派遣代表團前往莫斯科和蘇方直接談判，解決一切有關中東路的未了懸案。這使我們的中央政府陷於僵局，短期以內，顯然沒有復交的希望，我們蘇館人員，繼續留芬「待命」，便更無意義。

同時，芬館原來只是一個小館，現在驟然增加了夏恒青、楊憲曾（蘇館隨員）和我三個人，頗有不便。加上背後不免有人挑撥，芬館同仁表面不說，心裡難免疑懼。可能是他們當中有人向外交部示意，請求調整，所以在十九年三月下旬我們忽然接到部令。楊隨員紹武先生調派駐葡萄牙公使館，我則調派到芬蘭對海南岸的德國，夏恒老反留在芬蘭，由原來的駐蘇大使館二等參贊，改任駐芬蘭使館的一等祕書並代辦使事。這道命令，我們事前毫無所聞，尤其夏恒老懷念國內的眷屬，不願久留外國，特別不滿意這個布置，可是事到臨頭，也只得服從。我和部內可以說完全沒有任何人事上的聯絡？何以調德，實不清楚。可能是因為十八年二月底我們考試及格人員在學習期滿前三月，唐悅良次長集體詢問我們外放志願的時候，我應對的第二志願是德國，部裡查閱舊案知道這回事，而恰巧德館其時有一位主事先生辦事不力，應該調回國，就乘便把我調去代替。路程不遠，大可節省公家旅費的開支。

我因夏恒老待我甚好，相處融洽，頗有依依不捨之意，但是恒老則反認為青年人應該到科學發達的大國像德國之類的國家去，增加閱歷，開拓見聞，以為我能離開芬蘭是一件可喜之事。他又告訴我，駐德公使蔣雨巖將軍是他們湖北的名人，他可以寫信推薦，請善為照顧。楊紹武先生因為夫人隨行，尚須略為摒擋，行期稍遲。我則由夏恒老先為籌墊旅費，四月初離開芬京，由芬蘭西南角的海港Abo渡海西去瑞典京城，改乘直達火軍南下，在Trelleborg由鐵道輪渡接駁直接過海到德境Sassuitz，第三天的下午就到了柏林。在我離開芬京以後，夏恒老又發一電報通知德館館，所以火車一進柏林車站，便有使館一位同仁照料，接送到館，並隨即由彼引見蔣公使。這是我們第一次見面。

我記得那天已經是五點鐘左右，柏林四月初的日照，還是較短，那時天色已漸近黃昏；三樓的公使辦公室已經打開電燈，可是光線並不太強烈，倒似乎有幾分幽暗。在蔣公使接見我的時候，同時還有幾位其他同人在座。蔣公使略為詢問以後，便談到了夏恒老，我隨即遞上他寫給蔣公使的信。公使在拆閱以後，繼續和我談了蘇俄和芬蘭的情形。

從第二天起，我便開始在使館服務。起先，我只不過是一個極普通的青年小館員而已。我從來就不聽他人挑撥的閒言，而今也早就把彼時可能有的一些小不快意事件拋到九霄雲外。我遇事倒有反求諸己的習慣，我曾經反省過：我自己知道，我出身於經儒之家，家規相當嚴格。幼年先君會客，遇有傳喚，向來只能侍立在一旁，不敢插言；便是家人相聚，父母兄長發言，我也只有靜聽的分兒。所以在應對上養成一種比較舊的習慣，在現代人看來，不免過分拘謹而呆板。我自己又知道，有時發言，也可能是十分魯直，雖無心傷人，而聽者不快。碰巧又有些偶然的事件，越發給人以呆板的印象。我現在只想提出一件故事以為說明。

在蔣公使駐德期間，每年夏季日內瓦國際聯盟開大會，我國出席的代表向例是駐美公使伍朝樞、蔣公使和駐法公使高魯。伍公使從小接受英國教育，而且好像是劍橋出身，英語修辭是頗為著名的。又因多年外交經驗，出口成章，所以很歡喜不作準備，即席發言。當年國力雖說不強，而伍使詞令也頗能語驚四座。蔣公使對於這一作風，則有不同的看法。總覺到這不是表現個人才華的場所，主張重要演講應該事前擬稿，由三位代表妥慎斟酌。因此提議十九年在日內瓦開會前一週，請伍、高兩使和我國常駐國際聯盟代表團辦事處主任吳凱聲，到柏林聚會，從長計議，預定政策。這次聚會我事前毫無所聞。三位使節預定在某一個星期日的上午同時到達柏林。在前一天的晚上，一位同仁告訴我說，梁參事雲從先生要我第二天早晨六時出發去恩哈特車站（Anhalter Babn hof）迎接吳凱聲公使。我心想，禮拜天拂曉起身接客，本不是一件開心的事，梁參事把這分差事派給我這年輕而獨身的人，自然也有道理。我隨即答應照辦，並且提前就寢。

第二天一早下樓，在使館門口便遇到公使自備汽車的司機（Fochs）向我請早安，問是否去車站接客，又打開車門，招呼入座，我只以為此係館中預先安排的，我並不知是日尚有伍、高兩使同時到達，我答應一聲是，便登車前往恩哈特車站而去。到達以後，再三打聽，上午並無日內瓦來車。最後探悉，日內瓦開來柏林的國際列車向不在恩哈特車站停車，而是以波茨坦車站（Potsdamer Babnhof）為終點。所幸兩站相去不遠，只隔一條街，等我趕到，正好是日內瓦列車到達的時候。我接到吳公使，招待上車，並且特別說明這是蔣公使的座車。他隨即沉疑的問我蔣雨公是否已去接伍、高兩使，我說不知。吳使頗為機警，心知有異；我也感覺到事有蹊蹺。我們到達使館以後，才知在我走後，蔣公使覓座車不得，臨時雇車去接伍、高兩使，頗為不憚。而前一晚傳話的那位同仁，反推說這是梁參事調度不當，我至此才恍然是怎麼回事。所幸，蔣公使那次並未深責我魯莽。我今日重提此事，並無怨尤，只是當做故事一樣來閒話而已。

可是，不久以後，蔣公使對我便另眼相看，那倒是不須否認的。原因可能甚多，現在難於逐一追溯。不過，想起來可能有幾件事與此有關。

我記得，有一次，他問我俄國的情形，我只能就我淺薄的知識略為陳述。意有未盡之處，順便拿出從前在芬蘭所寫的幾篇報告副本，請他參閱。他一面閱讀，一面表示驚異。末了，他說第一報告的文字頗不尋常，非一般年輕人所能寫出，其次內容也頗有見地。當時我既窘困而又惶愧，這幾篇短報告的內容，大部分都是夏代辦平時講給我聽的，我在俄國為時短促，何能有深入的見解？照部中的定章，駐外使館是要按時寫報告的，俄館雖撤，人員留芬待命，但是不能就不做事。我是奉夏代辦之命撰寫，經他核閱，再自行謄寫複印寄部；我用他的知識寫官方報告，自然是他樂意的事；何況當時俄館的責任落在他的身上，俄館有報告就是他的成績。至於文字一點，那我要感謝我中學的老師。雖說我是由我的先君親自啟蒙的，但是真正經常為我改文章的還是幾位中學老師。當年揚州有十個傑出的才子，其中有三位曾為我改過四年國文卷子，一位教過我一年歷史，另一位便是校長先生。他們都是漢學大師，我不過拾了他們一點牙慧而已。在他們的影響之下，我在中學時代沒寫過一篇白話文。後來在大學雖說繳過幾篇語體國文課卷，並且勉強通過，可是我並不習慣。所以後來我撰報告，自然而然的那套老調又來了，想不到竟蒙蔣公使的稱許。

另一件可能與此有關的是，他去日內瓦開會，向例由梁參事隨行。舊國際聯盟在那個時代雖說搞不好國際政治，可是層出不窮的各種各樣的模範公約（包括已生效的和許多聽候各國採納的草案在內）倒是聞名的。我記得那年夏天，梁參事從日內瓦開會回柏林以後，因為要替蔣公使撰擬報告，便把一大堆的公約稿本交給我翻譯。內容都是些佶屈聱牙、晦澀不堪的法律條文。這本來也不一定是我分內的事，不過我覺到，梁參事既然認為我可以做，我應當勉力為之。雖說我白天辦公，夜晚尚須逐日去柏林大學習德語，我仍然辛苦的做完。這分工作好像也獲得了他們賞識。

提起學習德語那也是一件艱苦的事，我是從字母學起的。柏林大學附設的外國學生德語講習所規定由初級到高級分為四班，每班八週，預定八個月結業，以後可入學聽講。我為了趕時間，要在那年十月入學，中間不得不同時兼讀二三兩班，其困苦可想而知。不過因此進度也較速，所以不久就可以勉強閱讀上流報紙。平時也訂些英語報紙雜誌，對於世界大局，大致了然；每逢公使詢問時事尚能撮要應答。後來幾乎每天在晚飯前，奉命把當日晚報所載的重要新聞，口頭報告，他對於我的德語進步，似乎深信不疑了。我白日辦事，下午就讀，晚間早歸，私人生活嚴肅，鮮有越軌除矩之處。我逐漸感覺到，我已經由原來複雜的環境走進可以安心服務和讀書的氛圍。

在這期間，我也聽到不少與公使有關的事，增加我對他的敬佩。據說，他在十七年奉命使德的時候，最高當局曾致送銀圓六萬元，作為特別經費；可是後來他為了國家的體面而支出的錢，遠多於此。上文我提到的座車，便是一例。他初到柏林的時候，發現館長竟然沒有自備車輛，遇有儀節，臨時張羅，窘態畢露。他特地向當時德國首屈一指的Horoh公司訂做一輛，顏色深紫，車身高大，據說是按照德國總統興登堡座車的藍圖複造的。從此中國公使館的汽車在外交團行列裡成了眾人觸目的一輛交通工具。

又如，使館的房屋，年久失修，破舊不堪。他到任以後，立刻邀約建築師設計修理，煥然一新，窗前的絨簾，和壁上的裝潢，都是最上等而華麗的材料。使館的熱氣系統陳舊不靈，在外交團圈子裡，中國使館是有名的「冷宮」，這次也大為修理一番。十八年雙十節那天，蔣公使大規模招待賓客，便是袒胸露背的女客，跳舞的時候，也不免香汗淋漓，「冷宮」的綽號，從此一筆勾銷！

他不但對外力求為國家爭體面，對內也講求辦事效能和注意館員的生活。使館的館屋是一座老式的四樓建築（底下還有基層房間），並且前後樓相隔頗遠，內部缺乏通信設備，甚不方便，他到任以後特別裝置內部對講電話系統，費昂而無吝色。

當年外交部有拖欠駐外使領公費和館員薪給的積弊，往往四、五十日才匯款一次，館員的薪俸，無形之中打了一個大折扣。他特定墊薪的制度：館員按照階級，定一基數，以德幣馬克計算，每月不問外交部有否匯款到達，定期由他私人墊支；俟部款到達時再酌為扣還一部分。由於部中拖欠的理由，扣還之數總抵不上墊款，結果是他的墊款，愈積愈多，成了他私人一時無法收回的「債權」。（甚至他後來離開德國的時候，他仍然囑咐同仁，以後收到薪水，仍照前例保留定額自用，有超過的餘數再酌還他以前的墊款。我記得，我名下的墊款，後來是如約還完了的。）這種厚待館員的辦法，是外交界多年未聞的破天荒新事，無怪駐外其他各館同仁提到蔣公使，沒有一個不豎起拇指，說一聲：「阿彌陀佛！」

他喜歡散步，常常禮拜天帶著館員和眷屬，擠滿他的座車，同去柏林近郊的松林遠足，熙熙攘攘，和氣一團。我至今回想起當年大家樹下小坐，松風過耳，陽光浴體的情形，依然十分神往。（蔣公使的散步習慣在外交界是聞名的。後來他在駐日大使任內，仍然保持這一良好的運動。日本特務對於各國使節私生活注意調查，並且都加一渾號，蔣大使別無其他嗜好，因此有「散步大使」的雅稱。）

我尤其敬佩的是，他在日內瓦國際聯盟大會的講壇上，用華語演講的氣魄。從前這個機構是在英法兩國操縱之下，習慣上是以英法語為公用語言。甚至日本彼時雖已列身為強國之一，其代表也是敢怒而不敢言，不得不勉強應用他們向來不能純熟的這兩種外國語發言；驟然聽到蔣代表登壇用華語說話，不免大吃一驚，同時也大為佩服。無怪他說完以後，日本代表立刻趨前道賀。

我特別要提起的是，蔣公使的夫人也是使館同仁所極其崇敬的。她雍容華貴而端莊溫淑。她對我的厚愛，我終身不忘。夫人不時差遣，我自是樂於效命。記得有一次，她要我選購英文書籍消遣，我買了當年英國第一流作家Galwoothy的兩本小說（其中有Swan Song一本）奉陳。夫人讀後，頗為滿意。我私慶我沒有選錯，但是同時也深佩夫人的文學修養。

不久，蔣夫人便先行回國，前此蔣公使因有夫人照料，一切都好。自從夫人去後，不免寂寞。中間曾發過一次嚴重的風濕病；週身筋骨楚痛，經過長期藥物及按摩醫療，迄未痊癒。

蔣公使夫婦初到柏林時，據說是原來和所有的館員及眷屬有一個大的伙食團，一同進餐的，後來有眷屬的同仁陸續退出。在我到柏林的時候，飯桌上只剩了七、八人。其後續有退出；蔣夫人歸國以後，不久只剩了我和公使對坐了。他帶去德國的廚師，原來是胡惟德欽差的老廚子，北平人，曾隨胡氏在外國多年，手藝極佳，並且也懂得西洋宴會的規矩和洋人的嗜好。同仁退膳，並不是嫌他烹調不好，可能是因為代價略高了一些。到了我成為僅有的一員陪膳者的時候，我當然無法撤退。兩個人雖說不免單調，但是說話反方便。我本來不喜在就食時說話的，至此也不能照舊緘默了。

就在這種飯前飯後聊天的場合，我聽到他追述從前革命的經過，和他自己的無限感慨，他屢次告訴我，他當年以十九歲的英年，從日本學成歸國，在舊陸軍部供職，得到蔭昌等人的信任，原來預定藉整頓陸軍的機會，陸續裁汰舊員，把革命同志分別插入，等到時機成熟，一舉易幟，便可和平的完成光復大業；國家可以有秩序的向前進步，不致有後來軍閥割據和政客弄權，人民塗炭的慘痛。孰知後來革命提前爆發，乃至前功盡棄，而國家至今仍然不上軌道！他每次說到這兒，都不勝唏噓。

他對於吳佩孚有很多批評，彼時吳佩孚早已成為過去的人物，而世人對吳氏亦有種種傳說，並且頗有些人對於吳氏有幾分好評。這是我第一次聽到深入的指責，我當時並不能完全了解。後來我在蔣將軍的自傳裡，才看到他曾和吳氏直接交鋒，洞悉吳氏陰謀，由此也可見知人之難。

也就在這一段時期裡，我見過孫宋慶齡夫人一面，孫夫人原來是在莫斯科長住的，那年住膩了，聽說到柏林去是想讀書或是學習什麼專長的。好像蔣公使接奉中英指示，妥為照顧，因此他有時要親自去她的住所訪問，並且是單獨拜會，不攜隨從人員。她可能是寄住在柏林的東北區一個老婦人的家裡；那是柏林的有名的紅色工人住區。公使告訴我，一次他訪問未遇，事後房東太太曾對孫夫人說，她有一個客人乘著華貴的汽車來訪，言下頗有不勝欽羨之意，而且也帶著幾分驚異，不解何以來此貴客。其實巷弄狹小，公使的座車阻在巷外，仍然為房東所發現。

一次晚飯前，公使低聲告訴我，孫夫人將來訪，囑我在一樓迎候。俄頃，果然客至，那天她好像是穿的一套深色服裝，戴著一頂黑色絨帽，帽簷掩沒了半個面龐。我速客的時候，她輕問一聲：「蔣先生在家嗎？」我說：「我正是奉命迎接。」我導登三樓公使私人會客室，闔門而退。所談內容不得而知，而今事隔多年，我竟不記當晚我曾否陪座吃飯。

其後不久便發生了一件小事。孫夫人遷居，失去小首飾箱一件，全部隨身攜帶的飾物遺失一空，特別是一串她最心愛的珠項圈。她頗疑是新房東太太竊去。經過使館向德外交部請求協助，德外部認為這個案子應當先通知警察機關偵查。我記得，使館指定譚祕書葆瑞和德國警方經常聯絡。大約一個月以後，譚祕書在報紙小廣告欄內讀到一則警局招領珠項圈的廣告；同時也接到警方電話，示意試為認領。經孫夫人說出珠數及色彩相符以後，竟然物歸原主，而案情真相也大白。原來是她遷居時倉猝遺失在計程汽車上，為司機吞沒的。可是這件案子，真害苦了德國警察。他們聽信孫夫人的陳訴，初以為房東有嫌，曾將房東的親戚朋友多人布置在監視網中，祕密偵查。久而毫無所獲，再從調查司機著手，果然發現孫夫人舊居附近計程車群中有一司機生活揮霍，與前不同，進一步調查便迅速破案。我們深佩德國那時的法治精神。

我必須記錄的是，也就在這一段時期，我認識了公使的長公子碩民兄，也奠定了我們日後終久不渝的友誼。他年齡和我相彷，早我兩三年到德國，在哥廷根（Gottingen）大學攻數學。他儉樸、刻苦、勤學，沒有半點富貴人家子弟的氣息；他謙恭、熱忱、誠信，具有濃厚的愛國思想和正義感，湖北省官費遲到，寧可以麵包和白開水充饑，不肯就近向他的尊翁求救；假期到柏林省親，真的經常留在使館伴他的尊人，並不是乘機來柏林厮混的。他博學，也聽過經濟學的課程，所以我們經常長談。有一次我們從午飯談到晚飯，飯後又談到深宵，好像是還沒有談完的樣子。我那時高等數學一竅不通；但是他竟然可以抽象的把微積分的要義，講給我聽。我當時雖不盡了然；我日後自修完畢時，不禁拍案驚佩他當年深入淺出的說法。我想，我這門外漢後來在數學方面所獲的一知半解，必須歸功於他從前的啟示。

那年使館奉部令辦考績，這是密件，公使如何寫考語，我不知也。事後外交部裡同仁寫信告訴我，公使對我的評語太好了。他說，我經常留心國際政治外交事件，並能作有系統的分析，末了又說我「志氣高邁，誠良好青年外交官也。」如此好評，當時雖不能對於我的升遷發生作用（那是外交部主管另有一套的關係），而我則感拜知遇，不敢或忘。

第二年春天，蔣公使因為他建議的政策，難於實現，不願久滯外國，電請中樞獲准回國。在離柏林的前幾天，召我在他的辦公室談話。他告訴我許多做人的道理，最後說：「我在使館諸人之中，對你希望特別殷切。我知道你的能力在他人之上；我希望你和這裡的人和睦相處。好人緣，好公事，你的前程一定無量！」我知道這是臨別訓誨，我惶恐的謹銘腑肺。

那裡曉得，在他臨行的前一天，他和梁參事通知我，收拾行囊，隨去蘇聯。後來據說，國內有人對於他蘇聯之行，頗有猜忌，並且認中東路案中蘇會議方在莫斯科進行之中，以蔣使之重要，突然到臨，可能引起誤會；但是，因為無法阻止，只得暗示不宜攜帶高級隨從人員。所以蔣使臨時決定，囑我隨行。真相如何，我至今不明。

我們乘火車在四月初到達莫斯科，街上嚴冬的積雪未消，結成堅冰覆蓋路面。我隨他會見外交人民副委員長Clintsuk，他們是在柏林認識的，那時Clintsuk是蘇聯的駐德大使，人頗誠懇。我也隨他會見外交人民委員長李特維諾夫，在座通譯的是鄂山蔭（Oshanin），華語甚好，只是帶有山東口音而已（因為當年俄人習華語，多半是從山東僑胞學習的）；他後來部在蘇聯駐華使館供職。我的印象是，李氏談吐，狡猾多了。我們也參觀了克萊姆寧宮內的博物館；也訪問了國家經濟設計委員會，聽取該會委員長關於第一個五年計畫的說明。最後我奉蔣使之囑，詢問計畫執行時，如有差距，如何調整。我親記得這位委員長面露不悅之色，顧左右而言他的窘相。

期間，德國駐蘇大使Diksen招待蔣公使，曾乘機和蔣公使談判一件事。那時俄國人壓迫德意志族的俄人，那是些在女皇Katherin二世時招徠去做農耕示範的薩克遜農民的後裔，德大使想把他們移殖到東北黑龍江去。那次是中蘇會議代表團的參事王曾思以法語通譯的。蔣使答復，須先向中央政府請示再議，所以並無結果。

我們訪問了幾家莫斯科工廠以後，先去列寧格勒參觀，所看多半是些舊文化的陳跡，如教堂、皇宮、博物館之類，新建設比較少。那兒的對外文化委員會（VOKS）派了王西烈（Vassiliev）招待，王氏華語尚佳，但同樣帶有山東口音。在我們離開列寧格勒的前夕，王氏知道我們尚有南蘇的旅行，請求蔣公使出面向VOKS借用。這是一套東方習慣，也是蘇聯生活委實太苦了，希望同行可以鬆動一下。經我報告後，蔣公使首肯，VOKS也居然同意。我後來發現王氏並非熱忱的多數黨信徒，所以此人終久未聞在外交界現面。

我們從莫斯科南下，先參觀奈勃爾河上（Dnepr）的水電體系，這是一九三〇年代初期世界大建設之一，蘇聯十分引為自豪的宣傳標的。當時工程尚未完竣，壩的上層尚在繼續施工，我們必須在木架當中彎身穿過。我們再折回哈爾科夫，參觀了幾個工廠、集體農場和蘇維埃農場，然後再深入北高加索，轉道巴庫參觀煉油工業，這是帝俄時代留下的事業。再西去史達林的老家底佛里斯（Tiflis），經過巴圖姆（Batum）乘船渡過黑海，到塞瓦斯托波爾（Sevastopol），經過雅爾達，再循火車北返。原來想經過奧德薩及基輔路線，因為沿途遲滯，就誤了程期，臨時作罷。

沿途我除了記錄視察情形，並抽暇將第一次五年計畫的實施真相做了一個簡單的報告。在旅行途中，有些俄人誤會我們是父子關係。後來在我國某一大報的某著名駐俄記者接踵參觀時，提出詢問，經其說明，才恍然大悟。這位記者先生將此一笑話記錄在他的通訊裡，在國內報紙發表，我們才知道的。

那次旅行，我特別感觀到底佛里斯人的悠閒情形，在棕櫚樹下喝酒跳舞，全無半點社會主義緊張空氣，和北方各地恰好構成一個尖銳的對照。高加索山南種滿了茶樹，據說是多年以前我國老茶商廣東人劉氏（俄文專家劉澤榮之父）從廣東攜去茶苗試種成功，俄國人在第一個五年計畫時加以推廣的。我特別留戀巴圖姆海邊四月下旬，桃紅柳綠的背景，酷似我國江南仲春的天氣，勾起我海外遊子的無限鄉愁。

蔣公使從莫斯科過西伯利亞東歸，有莫斯科回國的同仁乘便陪伴，我因此遄返柏林。後來聽說，他過北平時曾有一聯串的定期演講，討論蘇聯第一次五年計畫的情況，竟因褚民誼反對臨時中輟。褚某的理由竟是「蔣雨巖親蘇」，替老毛子宣傳！幼稚可笑，而昏庸亦大可憐！

九一八事變以後蔣公出使日本，我深以他的艱難使命為念，但是同時也覺得這分差事，好像是非他莫辦了。

二十二年夏天，我因在歐洲得了肋膜炎，久醫而不能即癒，決心回國。不料一到國門，病即霍然而解。統計界的老前輩蔡正雅先生受新成立的統計局主持人之托轉邀重操統計舊業。大約是在八月中，我去南京，和外交部清理一些手續，作轉業的準備，恰好蔣公從日本回開會。一天清早六時，我在旅館接到蔣公館的電話，要我立刻去早餐，公使有話面談。在早餐席上，他對我說，新任駐德劉子楷公使昨日過訪，請求他轉勸我再回柏林服務。當我表示預定轉業時，他說，年輕人還是多在國外操練，希望我不要固執成見。我無法拂逆他的好意，只好答應。

那年十一月我乘船到橫濱，轉去敦賀，改船前往海參崴，過西伯利亞返德。過東京停留兩天，有機會再度晉謁，並且發生了一件小趣事。他約我那天晚間在使館便飯。下午他的侄婿孫以驊先生採購一些日本紡織品，托我帶去歐洲寄給他的親戚，我們一同到銀座的幾家大百貨公司巡走。事畢以後，他問我還要上那兒去。我因為記著當年日語課本第一課有「淺草寺真美呀」一句話，隨便說：去淺草寺如何？那裡曉得，孫先生立刻沉默起來，說不陪了，但是仍然拜託公司的執事送我到公司的地下層搭地下電車。我也不管一切，逕自去了。到達以後，看到也不過是一座平常的廟宇，大殿前面還有些攤販之類的棚帳，脫鞋在大殿廊上走了一圈，便出門匆匆趕回使館。晚飯席上，公使問我看了什麼地方沒有，我漫應剛從淺草回來。他說：「哦，怎麼上那兒走了呢！」我不解其意，接著又說，並沒有什麼，只是像南京夫子廟一樣嗎！他立刻改顏又說：「那很好。」我只見孫以驊先生莞爾而笑，更是茫然不解。席後，孫先生告訴我那個廟本身沒有什麼，那個區域是個「風化區」，既然只看廟宇，別無他事，很好。我們相互大笑一陣。

就是那一次，我認識了他的另一公子碩傑兄。他那時才十四歲，已經才華畢露，和孫先生的公子自強一同在東京一個著名的中學讀書，他們的成績壓倒日本同學。那天晚上就是由他們兩人陪我，走馬看花，把東京燈火下的夜景，指點給我的。

二十三年夏，我因神經衰弱和思家的關係，辭職過西伯利亞及日本回國。先在京都住了一禮拜，遊覽名勝，再去東京停留五日，飽看博物館公園和新舊劇院。這一次我再看見他的時候，記得不似往日那樣緘默，對於國際大事以及國家前途，曾頗有些謬見向他陳述。他也傾聽，他也解說：我們的看法，不盡相同，但是他也沒有責備我的妄論。

那年我回國以後，在明故宮閉戶三月，翻譯宋巴特（Sombat）剛出版不久的《德意志社會主義》，這是我離柏林的前夕，一家熟書店（Hans Preiss）送給我，後來在西伯利亞火車上匆匆讀完的。第二年春天，我開始翻譯Ehrlich的《法律社會學原論》，醫師說應該易地療養，因此再去日本京都，利用大學圖書館繼續譯書；不久，受到蕁麻疹的困擾，久而不癒，又回上海。蔣公邀我去東京，也未能實現。秋天我譯完書，換到一筆稿費，南遊廣東、廣西，十月底回到南京。正打算圖事餬口，碩氏兄到旅館過訪，說他的尊人不日歸國，內定出任外交部長，有信囑我不要離開南京；我只好把滬杭方麵粉筆生涯的接洽，暫時擱起。

何期，蔣公返國以後，政府改變原來的計畫，另以內政部長相畀。據說是恐怕蔣公對日本人過於寬讓！不過他見我仍然說，我應該回外交工作，他會向新任部長面托，「破格任用」。後來這件事，擱置甚久，承碩民兄好意，背後向他尊翁說，不如讓我權在內政部留下，還有若干過份獎飾我的話，這是碩民兄後來親自告訴我的。可是謬蒙蔣公一直認為我是一個外交人才，堅持以回外交部為是。最後，部內某司需人，從另一位朋友處得知我尚在南京，於是我再為馮婦，當然談不上什麼「破格」的問題。蔣公為此事，有幾分不悅，我只好請碩民兄為我勸說，不必計較。我這一次再回外交，一直留到三十四年為止。

蔣公在內政部任內，推行了不少要政，其中有一項是整頓保甲制度，在若干省分，頗有些成效，但是我的家鄉情形我是知道的，在過去十年之中，幫會的勢力，一天一天的膨脹，保甲組織便落在這群人手裡，他們對鄉下平民作威作福，越軌的事日多。我雖不問家鄉的事，但是生平與幫會絕緣，因此在這些人的眼中，總有些不順。他們不時藉故與我的鄉下族人纏訟不休，每次不達到牽涉我在內的目的，總不肯罷休；我則不勝其煩。那年夏天蔣公去廬山避暑；一次我為這些人困擾得忍不住了，寫了一封長信，對於幫會，大為抨擊，指出這是國家的大患，同時對於保甲制度，也有不少露骨的批評。

他回京後，一天約我早餐，接著一同去玄武湖散步。我們一面走一面閒談，大約在一小時以上，一直到他去丁家橋開會為止。他說，在廬山收到我的信，因為事忙，沒有能馬上回信。我的意見，他完全了解，但是國家的事，不是一天所能辦好，只能以絕大的耐心，慢慢來。便是我家鄉的事，同樣也只有隱忍，因為那些人總是向下的，遲早要歸於淘汰。這是他針對我少年匹夫之勇的一帖清涼藥。

抗戰爆發以後，他主持皖政，我隨部輾轉入川，消息較少，但仍不時從孫以驊先生處得到一些音信。蔣夫人不幸就在那年年底（或是翌年初）去世。夫人待人慈厚，蔣公的舊部沒有不悲悼的；自然也是蔣公自己的一大打擊。我個人至今以為，這對於蔣公此後的影響甚大。她的靈柩後來歸葬蔣公應城原籍的團山；我們千里迢迢，交通阻梗，無法執紼，由孫以驊先生托人代我們每人在某前植樹一株，聊表心意。

蔣公那年春初從安徽卸任回漢口暫住。夏天他就移住重慶，這是抗戰開始後，他第一次到西南後方。那天珊瑚壩飛機場江邊幾百級石階上，由上到下站滿了人在歡迎他。當時情景，我至今猶歷歷在目。

他到重慶以後，我又有機會不時晉謁聊天。就在這時期，他告訴我一件駐日時代的外交密事。當中日使館升格，他重行呈遞國書，照例和日皇裕仁用日語寒暄時，不料日皇第一句話便說：日本軍人在華所為，對不起中國人，他引以為憾！日相廣田當時在旁，惶恐不安。儀式完了以後，尚未出門，廣田便懇求蔣公，勿將此語對外揭露，否則日本少壯軍人將有逼宮和流血革命的慘禍。他為了大局，除向中樞報告以外，確曾保密甚久。他認為日皇裕仁是一個君子人。鑒於後來，他勇敢擔當戰敗投降的責任，使日本免於毀滅，我也以為，他的確有令人可佩可敬之處。

二十八年春天，我在重慶結婚，因為家長不在，蒙他代我主持儀式，並即席講話。七月我奉派於役古巴，此後又有兩年多未和他見面。

二十九年冬天，雨老（他到重慶以後，我們舊屬都如此稱呼）出任黨政工作考核委員會政務組主任，這個委員會是中樞當時囑望最大的一個機構，希望能由此革新行政，增加效能，掃除一切從前遺留下來的積習和抗戰而新產生出來的弊端。雨老也認真以全力相赴，工作頗為辛煩，健康逐漸退步。三十年底我回到重慶，發現他身體大衰。又從孫以驊先生處聽說，醫師主張進洋參補氣，不過交通困難，那時的重慶，實在太難尋覓這種藥物了。

同時，他的私人經濟情況也很窘絀，他本無甚積蓄；他家昆仲在應城共有的石膏礦在戰時早已無利可圖，並且好像還有如何排除浸水的技術問題。子女那時多半尚未自立，特別幾位在外面求學的公子，需要按時接濟外匯，大費周章。一次，他猶豫的向我表示，當年柏林時代的墊款，好像還有好幾位同仁未能清了，現在他難以為繼，可否請他們設法接濟他在海外讀書的公子？我記得曾將此意轉達駐歐的梁公使，並且得到他一次寄向倫敦的英鎊匯款。我慚愧所能報答我的老長官者，只此而已。

雨老經常困擾的病情是高血壓；彼時對於此病醫藥不及今日發達，所以難以徹底醫治；病況時好時壞。好像是三十一年元旦，疾又大發，這一次他自己也感覺到，非長期休養不可。但是在休養期間，仍在精神較好的時候，寫成一小冊自傳。大約是在那年夏天我一次訪謁他的時候，他親自給我一本，回家以後一口氣讀完；我發現其中純粹是記錄他早年革命和後來服公役的經過，沒有半點他和他家庭的私事。其實他有逐日記事的良好習慣，並且早在柏林時代，他就告訴過我，他的日記逐年無缺，還希望我也照記。我想他的那一整套日記應該是重要的資料，而這篇自傳只是一個短短的摘要而已。

其後不久，他索興移住歌樂山中央醫院療養。在十月中一天的上午，我從新橋的鄉居，前往歌樂山去探疾。那天是個大晴天，我守候好久才能擠上班車，到達時已經十點左右。所謂中央醫院病房只是山坡旁田地上一排平屋而已，不過室內也還收拾得乾淨。我只想問候便走，不擬多打擾他的靜養；可是他很歡喜，稍談以後，又說他的散步時間已到，要我陪行。於是我們就在附近的稻田梗上一面走一面閒談，我小心避免談國家大事，以免刺激。回到病房，他再留坐片刻，到傍午我才告辭。這就是我和他最後的一面。

就在那年快到年底的時候，噩耗畢竟是來了。碩民兄從昆明趕回重慶料理後事，以長兄的地位撫慰諸位弟妹。我親見他操勞的情形，我也覺察他對家人忠厚誠篤的愛情。我只恨我力量微薄，無法分故人之憂。

次年二月我再奉派去俄。三十四年初我再回重慶，斷然離開外交公務；我慚愧終於辜負了蔣雨老培植我為一個外交人才的苦心！同年十二月我回到南京，特地去沙塘園蔣府舊居一看。房屋是全不存在，地下一片瓦礫，中間還有一小塊土地，好像是經過附近貧戶辛勤工作的結果，栽著一些冬季的蔬菜，我不禁長嘆！只有玄武門修德里的房屋，似乎還存在，那是因為那一區是日寇指定為日軍住區的關係！後來我又在東北瀋陽巧遇碩傑兄，他當年已自英學成歸國參加中央銀行的接收工作，而我則在哈爾濱市政府濫竽客串。

蔣雨老提攜我的盛意，我終身銘感。在我的心目中，他是一位有遠見、有韜略、重視現實而不尚空談的偉人，也是一位寬宏大量的長者：這將是我永遠不能忘記的印象。有時我和碩傑兄相遇，往往能在他的舉止和儀態上，捕捉一些雨老從前的神味。承他不時自海外把他在學術的傑出成就寄給我，我除了拜讀以外，自然是樂與往還。碩民兄在大陸淪陷以前，原接愛因斯坦之邀約，去普林斯頓共同研究，因事遲未果行，可惜之至。我每次和碩傑兄聚首，總要舉杯為我們共同敬愛的這位學者，禱祝平安。在遙遠的應城團山的松柏，許能躲過紅色的浩劫。我雖不知那一顆樹是在我的名下栽植的，只要能常青永茂，陪伴著我懷念不已的老長官和他的尊夫人泉下平安，那也就夠了。

（原載《傳記文學》第六卷第一期）

首任駐日大使蔣作賓

吳相湘

蔣作賓先生字雨巖，一八八四年三月四日生於湖北應城縣；一九四二年（民國三十一年）十二月二十四日歿於重慶。

蔣作賓是一軍人政治家，「建立南京、武漢、北京三軍事據點，以為鞏固民國的基礎」；是他一生主要的懷抱。為成立以迄北伐成功，他的努力方向著重於軍事行政。民國十七年五月日軍侵襲濟南，阻礙國民革命軍北伐，他首當其衝，遭受生平最大刺激。民國十八年持節柏林聯好德國並主張與蘇俄復交，以及民國二十年出使東京努力周旋折衝，都是為著建立和加強中國抵抗日本侵略的不敗地位。

蔣出生於農村，由於家庭貧窮，且耕且讀。十二歲時偶讀多爾袞致史可法書始知滿清入主中原本末，不覺潸然淚下，種族革命思想油然而生。當時科舉未廢，故蔣十五歲時仍循正途應試，一榜及第中秀才。逮張之洞在湖北施行新政，一九〇二年創辦新學堂，蔣考入武昌文普通中學堂，宋教仁等同時入學。在校時有兵式操，又時聞新軍作息號音，使蔣有如聞塞上悲笳之感，即動投筆從戎之想。一九〇五年春，蔣和許多人到達東京，入成城學校，趕上了留日學生醞釀大團結進行革命的浪潮。是年八月中國革命同盟會成立，蔣加盟其中。一九〇七年，進入日本陸軍士官學校第四期步兵科，肄業時，蔣即與同學張華輔等數十人結合，計畫學成回國後腳踏實地，分途進行，掌握軍權，以為革命準備。

一九〇八年七月蔣畢業回國，十月至北京參加陸軍畢業學生考試，獲列優等第二名，乃被任為保定軍官速成學校教官。為實踐留日時期約言：利用機會對軍校學生灌輸革命思想祕密組織革命團體之外，並擔任總匯各方消息以與服務南北軍中同學祕密聯絡。一九〇九年調陸軍部軍衡司服務。由於他遇事機警並將日本步兵操典譯為中文，深得長官信任，且知名於世。他又極力主張整編軍隊，擬於五年之內將國內舊軍幹部，即袁世凱之北洋軍亦包括在內，逐年淘汰，用國內外新畢業學生替代，這一計畫獲得批准施行。蔣且經常分赴南北各地校閱，至一九一一年蔣升任軍衡司司長時，這一汰舊用新計畫已大半實行。是年秋，陸軍於永平舉行秋季大操演，蔣發現清軍的思想顯已動搖，他相信潛移默化之計再有二三年即可收功。但是年十月武昌新軍已迫不及待首舉義旗了。這一事情的發生對蔣是驚喜交集。他事後回憶：如果一切按其計畫進行則軍隊幹部全是新人，可能後來北洋軍閥橫行無忌的許多事實不致發生。

雖然，蔣在當時卻緊緊把握這一機會，當清廷命其前往灤州撫慰第二十鎮張紹曾部隊，蔣即乘機與原在張部隊中之同學范熙績、石星川等密謀使張部直搗北京實行首都革命；嗣因清廷預防，將鐵路車輛先期調走，吳祿貞統率之第六鎮亦被調往石家莊，以分其勢。蔣旋回北京，聞有謀殺吳祿貞陰謀，急遣何成濬前往告吳。不幸何未成行，吳已被殺。蔣知在北京已不能再多活動，乃再至灤州勸說張紹曾，與張遇於開平車站，蔣勸其決不可往北京自投虎口，張為所動，即挽蔣及劉一清在其野戰司令部星夜趕擬進攻首都計畫，大致就緒，不料張為星相家言所動搖，部隊中之滿洲旗人亦因見張去而復返純由蔣鼓動，群噪圍毆蔣，幸得標統石星川率兵援救始得脫身。旗兵又乘夜屢謀暗殺，蔣隨機應變幸未被毒手。繼續登程擬往瀋陽，行至山海關聞藍天蔚已敗，遂折返天津糾合同志趕往武昌。時值清軍進攻漢陽緊急，蔣渡江督戰未能有所挽回，十一月二十七日，漢陽失守，翌日黃興東下上海，黎元洪深感孤立，意志動搖，蔣矢言武昌必須固守，並冒大雪渡江至漢口轉乘輪赴九江請兵來援。

蔣到達九江，保定軍官速成學校學生蔣君羊等來迎，以李烈鈞亟須赴援安慶，眾乃請蔣繼任九江都督府參謀長，蔣立即就職，並即遣派江西民軍兩隊前往湖北省境之廣濟黃岡以牽制漢口清軍左翼，誘使其漸向東移，以緩和武昌之局勢。旋又調和江西民軍分立意見，建立全省統一號令。逮十二月中，鄂贛局勢均告穩定，蔣乃應黃興等之電促東下上海，協助組織中央臨時政府事宜。

民國元年（一九一二）一月一日南京臨時政府成立，黃興出任陸軍部總長，蔣被任為陸軍部次長。時清帝尚未遜位，張勳盤踞徐州，段祺瑞虎視武漢，各省民軍風起雲湧，局勢尚多浮動；維持治安，籌措軍需，均惟陸軍部是賴。而財政異常困難，軍費支應時感不繼，幸上海都督陳其美及黃郛等與陸軍部充分合作，軍用票首先推行於滬濱，他處乃迎刃而解，黃興與蔣等乃得從容渡過難關。

其時，南北和議正在進行，蔣久在北京工作，深知北洋軍積習難除，欲求鞏固革命成果，必須有積極計畫，因向孫大總統及黃興建議樹立三點政策，即南京、武漢、北京三重點，革命黨必須確實把握，民國始有保障，否則民國終屬虛名。經孫、黃批准同意，蔣即著手首先在南京編練第八師，以陳之驥為師長，陳裕時、黃愷之為旅長，所有團長營長及下級幹部如等均為革命黨員，又改編其他部隊俾逐漸達到第八師標準，同時收容保定軍官學校學生成立南京軍官學校，以培養建造民國之將材。逮南京一點初步建立，蔣又前往武昌與黎元洪面談，陳述武漢之戰略政略重要性，請多用革命黨同志改練新軍。並力陳必須與南京切實聯繫，然後皖蘇浙可聯成一線，而閩粵湘桂川黔滇之政權，又係在革命黨員掌握中，從此勤加治理，袁世凱雖狡，亦無能為力。

蔣正部署中，清帝遜位，孫逸仙博士已舉薦袁世凱繼任大總統，南京臨時政府各級人員包括蔣在內均辭職。唐紹儀被提名為國務總理，孫博士、黃興均勸促蔣仍北上繼續任職以完成「三點」政策中北京據點之部署。蔣深知袁在北方布置周密，而革命同志則大多南下，進行此一工作，著手殊不容易，然仍毅然受命。最初計擬第八師師長陳之驥係直隸省人，如以此地域關係，設法將其移駐北京或熱河，或可為黨人掌握實力之準備。故民國元年四月，蔣隨唐北上時，陸軍同志亦多同行，冀能有所作為。然而陸軍部總長段祺瑞緊握大權，蔣續任次長，固被視之為眼中釘，時時欲設法拔除之。逮是年六月唐紹儀不安於位，袁提名陸徵祥繼任，並提名蔣為工商總長，企圖以此明升暗遷方式使蔣離開陸軍部，不意參議院中之同盟會籍參議員洞悉袁之陰謀，對於蔣之提名予以否決。袁、段因此防備蔣言行亦加甚，而蔣在袁肘腋之間，於袁用心了解亦深。因密遣陳乾南下警告同志：袁之陰謀在先擊破南京，其次則將及安徽、江西，務望同志少發言論，切實團結，檢練軍隊，鞏固基礎，萬不可輕舉妄動，為袁各個擊破。

後來事實演變，亦即民國二年七月「二次革命」之迅速失敗，證明蔣之預言不幸而中。作為南京據點基礎之第八師及其他改編良好隊伍均為犧牲；武昌一點亦因黎元洪之游移而被破壞；北京據點則迄無法著手。蔣本人在北京雖仍任原職，但隨班進退，無所事事，行動亦失自由。「三點」政策不行，北洋軍閥遂得橫行無忌，禍害民國十餘年，蔣常引為嘆息。

民國四年夏，帝制運動醞釀，蔣急稱病辭職，遂被幽禁於北京郊外西山。逮民國五年春國內討袁力量大張，袁始復迎蔣至北京與之面談，挽蔣為其居間邀約黎元洪至公府面商如何解決時局之方策，蔣應命謁黎，黎掩耳不願聽聞。

民國五年六月，黎元洪繼袁世凱為大總統，段祺瑞任國務總理，赦黨人，恢復國會，大有民國復興現象，段挽蔣將出任參謀本部次長。蔣允之，在職近二年，曾對段屢進忠告，勸段遵守約法，廢私人軍為國軍，多用國民黨人，革新政治劃清權責，勿與黎元洪衝突。蔣對段力言：「黎庸懦無野心，三年易過，君如循法守職作去，第二任一大總統，非君莫屬；倘違法亂紀，並與黎衝突，恐欲速而反不能達到目的。」段不能納其言，終演出利用張勳復辟以驅黎、再攬大權之醜劇。蔣目睹段侮黎太甚，當復辟發生（民國六年七月），乃冒險入黎府挾黎外出，張勳因之暴怒，段祺瑞亦大憤恨，均欲得蔣而甘心。然因蔣正氣凌人，彼等未敢遽下毒手。逮段祺瑞重回北京握政權，蔣深知長安已不可久居，遂毅然決然南下。臨行，段派湯化龍代為挽留。蔣不為所動，且勸湯亦速離北京，不幸湯不悟，後竟為助段解散國會之一人。

民國六年七月下旬蔣到上海謁孫逸仙博士。時歐戰正酣，蔣為認識及了解此一世界大戰真相，乃商得孫博士同意於是年九月自上海乘輪赴美國，在美國東西岸遊歷並訪問華僑，詳細報告國內情形，呼籲華僑注意革命尚未成功，仍有待努力。

民國七年十一月，蔣自美橫渡大西洋抵達法國。時值歐戰停戰議和，蔣因得遍歷各戰場，並經東歐巴爾幹、土耳其、希臘各地。翌年（民國八年）二月回國。旋赴廣州，目睹西南各省「護法」戰爭久無成績，而安福系政客與軍閥在國內肆行無忌愈益加甚，蔣益痛惜「三點」政策之不行，更認定非掌握武漢不足以援應兩廣，因邀集湖北、湖南同志高唱打倒湖北督軍王占元之口號，經孔庚、夏斗寅、何成濬等奔走聯絡趙恒惕、唐生智、魯滌平成熟。民國十年夏乃公推蔣為湖北省總監主持大舉攻鄂，湘鄂聯軍進至蒲圻，王占元棄職離鄂，而吳佩孚乘機南來順收漁人之利，蔣功敗垂成。是年秋，蔣偕孔庚等赴廣州向孫博士報告一切，旋奉命在大本營擔任幕僚長，籌備北代出兵計畫。十二月，師次桂林，聞陳炯明與吳佩孚祕密勾結，蔣與孔庚屢加勸阻。翌年四月，孫博士自桂林返旆廣州改道北伐，軍次平樂，又囑蔣再電陳說明。五月，蔣隨孫博士進駐韶關，手擬前線各軍進擊詳細計畫頒佈施行。六月一日，孫回廣州鎮撫陳炯明部，不料十六日陳部竟叛變。蔣在韶關被楊坤如叛部圍困，設法得脫，間道行抵廣州，又被叛軍葉舉偵知，派兵圍捕，幸先半小時登香港輪船，未遭毒手，至黃埔轉登永豐兵艦，晉謁孫博士，奉命立即赴上海聯絡滬護軍使何豐林、浙江督軍盧永祥，以打破陳炯明勾結直系軍閥之力量。

蔣在上海杭州一帶積極活動，嗣因同志姜登選等紛往奉天整編軍隊，以加強反對直系之力量。蔣因亦前往瀋陽參加計畫，旋仍回廣州。其後複數次銜孫博士命往晤盧永祥，由於蔣盧交誼深厚，故盧對革命軍亦時以祕密援助。

民國十三年十一月孫博士應段祺瑞邀請自廣州北上，經上海繞道日本到天津，蔣在天津候謁面陳以前與段共事經驗，不幸孫竟臥病不起。蔣在北京居留半年觀變。民國十四年冬乃至河南協助岳維峻部署防守軍事。民國十五年春南下至南昌說勸江西督辦方本仁準備動員，同時又派張華輔赴湘勸趙恒惕攻鄂，進援河南，復遣劉笑澄赴粵陳說北伐時機已至。不意廣州反應遲緩，蔣乃親自往廣州，發現共黨份子反對北伐之事實，特親與鮑羅廷晤談，開陳北方大勢，詳指出兵計畫，鮑仍以宜離開海岸線，勿與帝國主義軍隊相衝突為言。蔣則反覆說明海岸線無關係，所慮實在日本，鮑頗為首肯。而蔣介石校長則對蔣北伐計議極為讚許。是年七月九日，蔣校長就任國民革命軍總司令誓師北伐。同月十九日，國民政府任命蔣作賓為湖北宣撫使，即日北行至長沙，派人至各方曉以利害及大義，鄂贛境內部隊因多遣使來訪蔣接洽投誠。

同年八月十一日蔣總司令行抵長沙召集軍事會議，為分散吳佩孚力量，十七日乃派蔣作賓赴奉天報聘。蔣到達瀋陽謁張作霖，張即出示章炳麟來電請殺蔣以免離間張與吳佩孚之合作，蔣當正色告張「革命黨中如我者車載斗量，殺之何損於革命黨？試問閣下真能與吳合作到底乎？」張因即轉色言曰「我戲言耳」。旋楊宇霆即以張不致與吳合作實情相告，而奉軍前線將領張學良、張宗昌、韓麟春等又聯銜電張作霖請殺蔣。楊宇霆又密告蔣：「此舉係因吳佩孚孫傳芳代表王占元正在瀋陽，不如是，恐王見疑。」逮蔣在瀋商談事畢，張作霖又派暗探護送蔣至朝鮮邊境，轉輪赴長崎，再經上海回漢口。時武昌南昌已先後為革命軍克復，吳佩孚孫傳芳軍已被各個擊破，蔣竊喜此行之不虛。

同年十二月鮑羅廷徐謙等在武漢組織「聯席會議」，蔣作賓初亦出席參加。逮民國十六年一月，蔣發現其中陰謀，乃祕密東下至南昌謁蔣總司令，旋即前往安慶勸說陳調元立即投誠，並與陳同至南昌，蔣總司令當與蔣作賓介紹陳加入國民黨，三人旋復同至九江乘濬蜀兵艦下駛安慶，留蔣作賓在安慶組織省政府，陳調元則率兵隨蔣總司令進攻南京。

民國十六年八月蔣總司令下野，龍潭戰役發生，國民政府委員留居南京者不過數人，蔣作賓即其中之一，並兼任軍事委員會委員，因日夜奔走慰勞軍隊，安撫民心。

民國十七年一月，蔣總司令復職，繼續北伐，以蔣作賓與北方軍政界淵源久遠，因任其為戰地政務委員會主席，代表國民政府處理戰地各省政務，會中分民政、外交、司法、交通、教育、實業各處，由各部會派員組織；隨軍前進至兗州，將山東境內地方政務恢復，並在各縣逐漸設立地方法院，省縣司法獨立，就是這時自山東開始的。

是年五月三日日軍攻擊濟南，戰地政務委員會外交處長蔡公時被日軍慘殺，時蔣仍在濟南指揮撫慰軍民，並擬隨時把握談商機會。五月九日見日軍已不可理喻，乃冒槍林彈雨突圍而出濟南城，仍以兗州為政務委員會辦公地，這是蔣生平遭遇最大的刺激，矢志必有以昭雪。

北伐軍改道前進，八月六日，北京光復，馮玉祥、閻錫山爭先接收各機關並委派各縣地方官吏及稅吏。十三日，蔣作賓趕到北京，下令各機關統由戰地政務委員會接收，各級人員亦統一委派。

其時，直魯軍及奉軍仍踞灤東一帶，蔣致電楊宇霆請依照前所商訂辦法「革命軍到達河北，奉軍退回東三省，從此南北合謀建設。」不意楊覆電頗覺困難，蔣甚詫異，派員偵察，始悉張作霖被日人炸死後，張學良、楊宇霆兩人意見參商不能合作，蔣將此種內情面陳蔣總司令，且以兩雄不並立，建議將張、楊兩人一留奉天一調南京庶可兩全其美。蔣總司令首肯，正積極部署中，楊已被張殺害。

民國十七年六月底，戰地政務委員會解散，各省市政務均由各主管部接管，七月六日北平政治分會成立，蔣與馮玉祥、閻錫山等均為委員。蔣發現大局雖告一段落，統兵者仍野心未戢，人各異心，蔣每念濟南之恥辱，輒思有以昭雪；諄勸各統兵者槍口不可再向內放以外，更以為外求友邦遙相援助尤為亟務。八月，南下抵首都，晉謁譚延闓主席及蔣總司令，願以個人身分出外考察，俾以見聞供政府聯絡與國之參考。譚、蔣均表同意，惟以蔣擔任公使名義更較便利。是年雙十節蔣總司令就任國民政府主席。十二日，即任命蔣為駐德公使。是年冬蔣西行赴任，臨行請訓，決定此行出國當努力聯絡德國及蘇俄，以為日本侵略緊急時之後援。

蔣行抵柏林與德國外長斯特萊斯曼晤談，每以德俄交往歷史為鑑，以為德若能與中國及蘇俄聯成一氣，復興必易。當時中蘇邦交未復，蔣與蘇俄駐德大使克勒登斯奇以個人身分往來甚密，相與泛論世界大勢，輒以中蘇未復邦交為憾。

民國十八年春三月，蔣奉派至日內瓦參加國際聯盟軍縮會議，蘇俄外長李維諾夫亦同時到達，由於蘇駐德大使克勒斯登奇之安排，蔣與李維諾夫得於會外晤談頗洽，相互批評亦甚坦白，李維諾夫詢蔣：「蘇俄對中國革命曾予相當援助，何以中國朝野怨恨蘇俄反較對其他帝國主義國家為甚？」蔣當答以他國彰明以侵略為言，蘇俄則以援助被壓迫民族為名，而以滲透其內部肆行侵略為實；言不顧行，故更召人怨恨。同時蔣對李維諾夫所謂中共乃隸第三國際而非蘇俄之詭辯尤予有力駁斥。李承認蔣之見解與英國外相張伯倫等相同。其後李維諾夫向蔣提議簽訂一互不侵犯條約作為兩國復交之禮物，蔣當允請示政府訓令決定。

其時，蔣又奉派任駐奧地利全權公使，逕由日內瓦前往維也納呈遞國書，而南京復電到達，指示互不侵犯條約暫從緩議。

同年七月，哈爾濱接收中東鐵路事件發生，蔣曾自柏林迭電南京力言不可輕易開釁，使日人坐收漁人之利。而七月十七日莫斯科宣布斷絕對中國關係，俄陸海空軍分路進犯東三省境，並拒絕法國之調停。旋駐德俄使忽有直接交涉之表示，八月二十日蔣作賓奉命經由德政府轉向蘇俄質詢侵略責任，蔣旋又與蘇駐德大使作非正式之洽談。八月三十一日，李維諾夫通知德國駐蘇大使：蘇俄政府準備接受中國政府所提出簽署解決中俄爭端聯合宣言之提議，而稍加修改之。但俄軍仍繼續侵犯不已，且復乘機向世人作歪曲事實之宣傳。其玩弄和平戰爭雙面策略實極顯明，致一切談商又無結果。十月二十五日，南京外交部發表宣言將中國政府經由德國與蘇俄談判情形公布，指明俄人毫無誠意，應負一切責任。

其時，美法諸國援引非戰公約勸告中俄息爭，但交涉樞紐始終在柏林。一年以來蔣之種種活動，要為使交涉之門不致完全關閉之主要因素。十一月二十七日蔣奉命將照會一件托德外部轉交蘇俄，其中提議組織共同調查委員會調查真相，雙方先同時各自邊界撤退軍隊三十哩。而在這一照會送致之前五日，張學良已自動祕密派員赴伯力與俄人接觸。二十六日，張學良與李維諾夫直接交換電訊，蘇俄因之對蔣作賓照會表示拒絕，積極與張學良代表直接談判。十二月三日所謂《伯力議定書》簽字，於是局勢急轉直下，在有利於蘇俄之條件下告一段落，與蔣數月來努力之目標完全背馳。蔣憤而電詢南京：國內外交涉何以如是顛倒？譚延闓復電不知其詳，囑蔣查報。蔣因之益憤蘇俄使用分化中央、地方策略之毒辣。對於外交部長王正廷及張學良大表不滿。

民國十九年中原大戰發生，國內大局動盪，蔣原訂聯好德國之目標亦因已無法進行，甚感無心在外久居。民國二十年春因電請回國。奉令照准並囑順道往蘇俄考察；適駐德俄使聞悉，轉告李維諾夫致電蔣表示歡迎。是年四月蔣因取道赴莫斯科與李維諾夫晤面，經導遊莫斯科各地，參觀蘇聯代表大會，旋遊歷各地——北自列寧格勒，南至高加索，西至烏克蘭，東至中央亞細亞，均曾走馬看花一履其地；對俄人節衣縮食致力建設獲得深刻印象。旋經西伯利亞鐵道、中東鐵路至東三省沿途考察，洞悉日人侵略陰謀益亟。

民國二十年七月蔣回抵南京向政府報告，力言對日本交涉之不容忽略，並建議仿德國對蘇俄，設立中日交涉委員會，俾有談商機會，以免日人動輒謂中國不與交涉。當局深韙其言。八月十三日，國民政府任命蔣為駐日本公使。

是年九月初，蔣自南京行抵北平訪張學良密商東三省防守政策。九月十五日至瀋陽，日本南滿鐵道總裁內田康哉派副總裁木村至瀋陽訪蔣，晤談中透露對張學良之憤慨，而遼寧省政府主席臧式毅則以日人行動益肆行無忌相告。蔣因深感日人對東三省行動似已迫在眉睫。十七日，晚車赴朝鮮，十九日晨過平壤接讀報紙號外則瀋陽事變已在前夕發生。行抵漢城晤朝鮮總督宇垣一成，痛言日本軍人此一行動之非，應速約束，以免擴大，宇垣表示贊同；而隸其指揮系統之朝鮮駐屯竟擅自調動。蔣益憂懼日軍之如脫羈之馬，沿途與新聞記者晤對因力勸日人侵略思想必須澄清糾正，否則，實非東洋大局之福。

蔣持節東行目的在緩和中日間的情勢，瀋陽事變既發生，蔣趕到東京，九月二十一九日向幣原外相嚴重抗議之餘，更盼基於幣原所謂「協和外交」原則進行談判，不使再擴大，因迭電南京外交部請勿以全力集注在國際聯盟之活動，務須努力求中日兩國直接交涉了結糾紛，對於國內若干人以為世界大戰發生再作總解決之意念更特加駁斥。蔣力言：美國因海軍力量未充實不敢戰，英國因經濟不景氣不能戰，法國持盈保泰不欲戰，蘇俄素喜利用帝國主義國家間相互衝突更不肯戰；抑中國國力不充，無論戰爭結局如何均與中國不利；故必須爭取和平建設之餘裕時間。蔣因排除困難與幣原談商，雙方曾擬以互派大員實地調查作初步，且以中國允許給予日人商租權交換日本撤消在華領事裁判權，再開始日軍撤兵談判及中日友好親善原則。不幸日本軍部有計畫的擴大侵略，日本政府無能控制局勢。十二月一日，幣原外相且被迫去職，犬養毅出任內閣總理兼外相。十二月十九日，蔣奉召返國商討。翌日，萱野長知啣犬養毅密命來南京作非正式活動。不意蔣返回東京任所不久，民國二十一年一月日軍又侵犯上海，五月，犬養毅且被刺殺，日本軍部氣燄益張。九月，日本承認其一手製造之「滿洲國」，蔣一再抗議，被日本拒絕。

民國二十二年三月日軍又侵熱河並及長城線，迫近北平。蔣憂勞過甚，血壓增高，自東京轉往鎌倉養病，適近衛文麿亦在該地休養，乃由使館參事丁紹伋安排與近衛會晤。蔣詳細說明中國近況，指出蔣介石總司令實為中心人物，日本不應再與地方軍人來往，必須承認並尊重蔣總司令之中心領導，開誠相與，庶幾可攜手以實踐孫逸仙博士之「大亞洲主義」；否則中日糾紛必將導致大戰，結果對中日均大不利。近衛對蔣所言頗有同感，且將內容大要報告西園寺。蔣之努力促進中日了解於此可見一斑。而同年五月黃郛、何應欽遵南京指示與日軍簽訂塘沽協定。十月七日蔣又奉召回國述職，溝通內外意旨，中國忍辱負重之決心益加堅強。翌年七月，在不承認「滿洲國」之原則下，北平瀋陽間鐵道交通郵務恢復。

民國二十四年二月王寵惠到東京與日外相廣田弘毅懇談。南京旋宣布禁止刺激日人之一切言行。中國之苦心孤詣以求避免日人藉口之努力又進一步。同年五月，中日兩國使節升格為大使。六月二十日，蔣作賓向日本天皇呈遞大使國書。七月五日回國述職，二十五日返任。九月，國軍第五次圍剿共軍將奏功，日人所謂「防止中國赤化」之口實又已不能存在。國民政府為求徹底解決中日糾紛，九月七日，蔣遵遵令會晤廣田外相提出中日親善基本前提條件三大原則：（一）中日兩國基於國際法相互尊重其獨立，日本表示願廢除對中國之一切不平等條約如租借地、租界、領事裁判權、軍隊軍艦之駐屯進泊通過均須得對方之許可；凡國際法上規定之獨立國家權利義務兩國均平等享有遵守。（二）中日兩國今後為維持真正之友誼，對於一切非友誼行為如統一之破壞，治安之擾亂、對方之誹謗或破壞等均不得再行發生。（三）中日邦交今後回復正軌，兩國間一切事件及問題均應循平和的外交手段以求解決，外交機關以外的行動與任意的壓迫手段應即時停止。

如上所述中國政府已有許多事實表現以後，提出這三大原則，可說是具有中日攜手誠意的。不幸，日本政府完全在軍部控制下只求貫徹其侵略野心，毫無解決問題之意向。十月九日廣田約晤蔣，另提出三原則：（一）中國放棄利用歐美牽制日本之所謂以夷制夷態度，完全取締排斥日貨及排日教育，積極的努力於日支提攜確立兩國親善關係，以為次第達成日滿支三國諒解提攜之先聲。（二）中國如能承認「滿洲國」是為上策；如因對內關係難以正式承認，亦應在事實上於滿支接壤地域之華北經濟上文化上充分表現象互提攜。（三）日滿支三國間虛心坦懷談商防止對抗赤化勢力侵播之方策。廣田表示此為日支提攜絕對必要條件，中國須先付之實行，然後日本始可開談中國前所提出之三原則。蔣當即答復：（一）取締排日言行，已有事實表現。(二)事實上承認「滿洲國」一事限於職權,應俟請示政府再行答復。(三)防止赤化勢力之共同方策中有關方法與地域等均需要研究。十月二十日,蔣又訪廣田將中國政府答覆面交,其中重申九月七日中國提出之三大原則;同時表明:欲達成中日親善之目的,滿洲回復九一八以前狀態,上海停戰協定、塘沽停戰協定以及其他中日軍人間一切協議之廢止,實為使兩國關係好轉趨向融和之先端。十月二十五日,蔣自日本回國參加十一月十二日舉行之國民黨第五次全國代表大會。

當蔣與廣田談商時,雙方了解:如有頭緒,蔣即回國擔任外交部長主持一切,以實踐中日真正之友好親善;但交涉情形充分顯露日本之毫無誠意。且日軍策動華北分離運動益亟。蔣之種種努力被若干無法深悉內情之人士誤會為親日行為,引致不滿。十一月十九日蔣介石委員長在國民黨大會宣布其著名之「最後關頭」演說——即「和平未至絕望時期,決不放棄和平;犧牲未至最後關頭,決不輕言犧牲」。十二月七日,蔣委員長被推選兼任行政院長,張群出任外交部長,蔣作賓被任為內政部長。

其時,江西圍剿共軍工作告一段落,前此為適應軍事需要之若干單行政令法制頗為紊亂,現均移交內政部切實整理。蔣蒞任後因即督率僚屬致力於此,期使歸於簡單劃一。並為增進地方行政效率,嚴格注意各省行政督察專員及各縣縣長之選任以外,又特設縣市行政講習所輪調各專員縣長入所講習訓練。又為整頓各地警政，復設立中央警官學校及各地警察訓練班以提高及改良警察素質及學養。同時對於基層行政之保長甲長亦實行普遍整理編組。民國二十五年五月又在南京召開地方高級行政人員會議謀求興革。蔣為了解各地實況，尤其未完全接受中央統一法令指揮之地區，特前往各省巡察。民國二十五年十二月初行抵西安，張學良、楊虎城變亂發生，蔣與其他軍政要員均被張楊限制自由。但張對蔣特示優禮親來訪晤面談，蔣當向張剖陳利害並力言：（一）蔣委員長為全國中心領袖，須尊重其人格保全其安全。（二）張須顧及在此複雜環境中本身之自由，以免被人利用。（三）須速謀下臺之法。十二月二十五日，張送蔣委員長回南京，二十七日蔣作賓等亦飛回首都。

時國民大會正待舉行，蔣以內政部長兼任全國代表總選舉事務所主任並兼任東四省代表選舉總監督，全國職業團體代表選舉總監督，民國二十六年上半年可說大部時間精力都耗費於此。

民國二十六年八月十三日，中國對日抗戰全面展開。十一月二十日國民政府宣布移駐領導長期抗戰。同日，宣布各省省政府改組，蔣作賓出任安徽省主席。二十三日，蔣趕往安慶就職，時戰事迫近南京，安徽省境無一國軍，僅恃臨時編組之保安團隊維持治安。十二月十二日，南京失守，散兵傷兵難民均湧向安徽，蔣立即派員至各要口迅速控制局勢：加強管理照護傷兵，收容散兵編隊交由師管區司令訓練，旋因安慶已難守禦，乃率各機關移駐六安縣城。

國民政府為使戰地軍政統一指揮便利，民國二十七年一月二十五日，任命李宗仁為安徽省政府主席。二月，蔣作賓卸任，乃前往重慶，專任國民黨中央監察委員職務。

民國二十九年冬，黨政工作考核委員會成立，蔣出任政務組主任。蔣廷黻以行政院政務處處長兼任副主任，以本職繁忙，不克到會辦公，故一切工作均由蔣作賓主持，獨任重職，煩勞實多，而個性不苟且或稍偷安，因之血壓高病症益增，醫勸長期休養，蔣以戰事正亟，不敢自逸，仍扶病趨公。民國三十一年元旦至國民政府參加新年團拜禮後，疾又大作，始奉准卸職養病。至年底，終告不治。

蔣七子三女均卓然有所樹立：

（一）碩民（一九〇七年生），德國Gottingen大學博士，回國後任南開大學、西南聯合大學教授，數學造詣湛深，愛因斯坦曾約其訪美共同研討，未克成行，現仍居大陸。

（二）碩英，在臺灣。

（三）碩豪，現在加拿大國際民用航空組織最高技術主管。

（四）碩傑（一九一八年生），倫敦大學博士，北京大學經濟學教授、中央研究院院士，現任美國Rochester國際經濟學教授，International Monetary Fund經濟專家。

（五）碩治，專治物理，現在Seattle Beoing公司任工程師。
（六）碩平，軍官，在臺灣。
（七）碩健，在大陸。
（八）長女碩德，與中央大學教授厲德寅結婚。
（九）次女碩真，與程毓淮博士結婚。程為中央研究院院士，現在美國任教。
（十）三女碩能，出繼邵元冲、張默君夫婦為女，因張默君與蔣作賓夫人為同胞姊妹。碩能與王鎮宙結婚，王現任臺灣省合作金庫總經理。

（原載《傳記文學》第六卷第一期）

思親述感——先嚴百年誕辰紀念

中央研究院院士／中華經濟研究院院長
蔣碩傑

一

今年三月四日為先嚴百年冥誕紀念。先嚴生於民國紀元前二十八年，是中法戰爭的前一年。逝世於民國三十一年，是對日抗戰勝利結束的前三年。在不滿六十年的生命歷程中，除了中日甲午之戰、庚子拳亂召致八國聯軍兩役，尚在幼年，未曾參與外，至於辛亥革命、二次革命、北伐之役、對日抗戰，無役不與，可說身在局中。他的憂患生平，與國家的艱危國步，遭際息息相關。而在每一關鍵時期，在革命崗位上，都有一套想法與作法。不幸這些構想方在進行中，局勢中途變化，出乎理想安排以外。一著棋子落空，影響結局很大。對他個人而言，不能不說是平生遺恨。對整個大局而言，不但耽誤了復興的進程，而且延長了國難的持續。真是無可彌補的損失！因將早年隨侍時候的見聞，就其中印象比較深刻，關係比較重要者，掬實記述，以申紀念。

二

先嚴在武昌文普通中學堂畢業後，即考取公費留學日本。一九〇五年到東京，正逢中國革命同盟會成立。他的革命思想，早萌於幼年時期，而成熟於求學時代。所以正式加盟。一九〇八年在日本士官學校畢業回國。先入保定軍官學校任教，然後參加陸軍留學畢業學生考試，列優等第二名，就被調入陸軍部。在保定軍官學校任教官時，得有機會對學生灌輸革命思想，祕密組織革命團體，並擔任匯總各方面消息以與南北軍中同學祕密聯絡。調入陸軍部時派在軍衡司服務，以能力獲得長官青睞，不久即升任司長。軍衡司掌管全國陸軍人事。連年由日本士官畢業回國學生人數很多，分散在北方及各省軍隊中服務。這一批青年軍官，不但成績表現比舊有的軍官強，並且都熱血愛國，有朝氣，有理想，有抱負，有志一同，在軍中很起了作用。這一批人的晉用，軍衡司的幕僚作業，隱居關鍵地位。他那時如何能取得陸軍部長官的信任，固然學識能力是重要條件，另一方面，也由於滿清政府對小站練兵起家的袁世凱所訓練的部隊，也不十分放心。釜底抽薪，逐漸注入新血輪以取代，也是順理成章的事。這時廢帝溥儀以三歲幼童登基，大政尤其生父攝政王當家，嗣母隆裕太后也垂簾聽政。戊戌政變袁世凱告密的一幕深刻難忘，由於袁氏這一幕賣主求榮，竟使光緒幽廢十年，終致憔悴以死。叔嫂一度密議，要算袁世凱的舊賬，處以極刑。袁由死裡逃生，固由於張之洞的極力保全，亦由於北洋勁旅，尚係袁的嫡系隊伍，投鼠忌器，袁氏落得回籍養病下臺。一連三年，對外裝病裝瘋，始得暫保一命。不意武昌炮響，造就了他東山再起的機會；另一方面，在革命陣營中，播種的工作，已經累積並逐漸推廣，接近成熟階段。那時革命同志目標，在推翻滿清政府。所採取的方法，是多方面而分途並進的，如組織敢死隊，狙擊滿清政府官吏，辦報紙，藉文字宣傳以鼓舞人心，都是方法之一種。先嚴身入虎穴的多年布置，是採取中央革命的策略。他的這種作法，是受法國大革命歷史的啟發而來。如若事實的演變，果照他所設計的步驟進行，水到渠成，不戰而天下大定。辛亥革命以後的情勢，將是何種局面！至少軍閥禍國、洪憲醜劇無由發生，國家元氣不致一再損傷。另一方面，依照革命理想，從事國家建設，政治修明，舉國振奮，自無從啟外人輕視狎侮之心，則二十一條辱國條件，也不會無因而至，言念及此，可見其關鍵之大。

三

民國十七年，革命軍北伐期中，先嚴擔任戰地政務的工作。北伐完成，隨即結束他所主持的戰地政務委員會，將工作移交各主管機關。那時中央雖已指定他為北平政治分會委員，但是他想到國家前途，以為既經統一，必須立即本著理想目標，進行建設。建設需要充裕的時間，安定的環境。而近鄰日本謀我方急，深忌我能統一安定。因為我國統一，必是很快的走上復國建國之路，以一個強盛的國家，絕不容許外國任意欺凌。擺在眼前的例子，我北伐軍北上到山東，為阻我軍北上，而發生的濟南慘案。其時他與先總統蔣公同陷濟南城內，目擊身經，給他的刺激至深。革命軍隊到北平，東北內附易幟，也會受日人從中脅阻，這些活生生的事實，皆足令國人痛自反省，應如何力圖內自團結，外求與國，以培植自己的力量。那時我國與列國的關係，久處於不平等條約畸形狀態之下，其中惟戰敗之德國，時已是平等相待之國。德國科技發達，尤足為我國建設時期需求之助。所以想要去歐洲，相機進行。他將此意與當時國民政府主席先總統蔣公及行政院長譚組庵先生商議，兩公贊同他的辦法。他即奉命出使德國，這是同年（一九二八）秋間的事。

四

先嚴到德國後，宣揚國民政府與民休息、從事建設的建國理想，鼓吹兩國應從事廣泛經濟方面合作，是為兩國之利。他的構想是暫以十年為期，與德國合作從事中國之資源開發、工業建設以及科技之發展。德國朝野反應極佳，其時德國正陷於極深重之經濟蕭條中，與中國合作開發資源，建設工業，正可為其本國重工業產品提供一銷售之路，及為其失業工程師提供就業機會。先嚴同時銜密命洽請德國派遣一批退役軍官助我訓練新軍，已承彼方允派其前任參謀總長馮・塞克特將軍（General von Seckt）來華助我建軍。一切交涉進行極為順利，倘國內無變故，則我國之臥薪嘗膽、十年生聚教訓之計畫當可有成。

同時先嚴復本其善求與國之初衷，經由德政府之中介，與俄駐德大使聯絡，謀恢復兩國邦交之道，以備萬一中日發生戰事，海岸線遭其封鎖時，有軍火供應之通道。翌年（一九二九）春，國際聯盟在日內瓦開大會，俄外交委員會主席李維諾夫（Litvinov）及先嚴均出席與會。俄駐德大使已密為先容，故彼此會談頗洽。李氏甚至表示：「中俄兩國確有密切關係，我二人可在此簽訂一互不侵犯條約，作為恢復邦交之禮物，使帝國主義者大吃一驚，如何？」先嚴乃應曰：「俄國果能了解中俄密切關係，改正以前對中國不友誼行為，當然有訂互不侵犯條約之必要，不過中東鐵路本為舊俄帝國主義侵略之遺物，貴國屢次宣言交還中國，何不惜食言而肥？」李曰：「非也，中東鐵路關係中俄兩國甚重，中國國民黨勢力尚未及於東三省，日人虎視眈眈，故未敢貿然交還中國；現中國已統一，即可開始談判交還手續」云云。蓋以俄國此時國際地位頗孤立，英、美等大國均尚未與之復交，亟思與我國恢復邦交，資為先導。先嚴乃密電政府，報告與李氏所談各節，並力言中俄疆土相連萬餘里，不戰則和，萬不能久斷邦交，聽其演變。今彼正求我，我若允與訂交，當可以中東鐵路之交還為條件。不料所得外交部覆電乃云只可虛與委蛇，不可認真談判，實令人愕然。李維諾夫於日內瓦會議後猶枉道至柏林候一星期之久，無結果始歸。

乃不數月後（即一九二九年夏），東北當局突以武力收回中東鐵路。先嚴連電中央促速阻止，並力言俄國軍力不弱，不可輕易啟釁，使日人坐收漁人之利。況中東鐵路之收回，本有以和平談判達成之可能，何以當初不欲與李維諾夫談判，此時又遽爾訴諸武力？此事不知究竟係張學良之個人魯莽，中央未能及時勸阻而引起者，抑與當時王儒堂外長一向所標榜之「革命外交」相符合而事先得其默契者。現張學良猶健在，應及早訪問，請其道出當時實況，則於此一段史實有徵實之記載，可為後世殷鑒。當時張、王兩氏之意，似猶不止於俄國。彼等以為俄國大亂之後，破壞慘重，國力未復，可先以俄國開刀，以期對日本收「殺鷄儆猴」之效。不意俄國軍力與張學良軍隊相較，決不遜色。開戰之後，張學良之新軍韓光第、梁忠甲等兩個旅悉被殲滅。中央遂即命先嚴與俄交涉收拾中俄之衝突。復得德政府之暗助，交涉頗為順利，即將獲致頗有利我方之協議，而張學良又擅自派蔡運升與俄方另訂一喪權辱國之《伯力協定》，顯然係我外交當局未將先嚴與俄方所談判之成果轉達張學良所致。於是不僅俄方啞然失笑，而旁觀之日本軍人更輕視我國，而益堅定其對付張學良必需用武力之決心矣！

嗣後國內又出現擴大會議一幕，汪精衛、陳公博之流以黃袍加身之故技，嗾使閻錫山聯合馮玉祥稱兵作亂，演成中原大戰，戰況之烈，猶甚於北伐諸役。濟南慘案後，臥薪嘗膽、十年生聚之議，竟無人再提。先嚴與德國所商談之中德經濟合作計畫，不得不束之高閣。因此請辭回國。他此時回國與當年出國時之心情，顯成強烈對比。其衷心隱痛，可以想見。

五

先嚴回國之際，當時國府主席先總統蔣公囑順道往俄考察，故經西伯利亞鐵道至東三省返國。沿途所見所聞，洞悉日人謀我之急，其軍人行動更日益肆無忌憚。至南京乃向當局力言，對日交涉不容一味推諉躲避。並建議：宜仿德對俄例，速設中日交涉委員會，俾有談判機會，以免日人動輒謂中國不與交涉而動武。其時駐日使節虛懸已久，蓋亦與王外長之外交政策有關。先是王外長之「革命外交」高調，並不因中原大戰國力衰竭至於極點而稍形降低。一九三一年春，彼復公開以外交部長身分發表其次第廢除一切不平等條約之程序；並申明如交涉不能達到目的，則由我國單方面廢除之決心。此種高調固然可以博取當時民眾之喝采，但以一積弱之國，於一場大內戰甫告結束，而共黨在江西之叛亂又方興未艾之際，以外交部長之身分作此宣言，使強鄰之覬覦我者，更加緊武力相侵，是否得當，猶待史家評論。事實上其時日本駐華公使重光葵見報載王外長談話後，即往謁王，詢報載是否確實，又問是否包括東三省日本權益在內。當王外長坦白作肯定之答覆後，重光大為緊張，立即返國述職。不過半載後，滿洲事變即行爆發矣。

其時日本當政者為一自由主義的民政黨內閣。以若槻禮次郎為首相，外相幣原喜重郎尤為一位國際知名之和平主義外交家。（日本軍人干政後，即遭黜斥，但二次大戰後，盟軍佔領軍總司令麥克阿瑟將軍特別請他出山擔任佔領期間之總理大臣，極獲麥帥之信賴。於日本戰後災民生活之維持，瘡痍之恢復，有莫大之貢獻。）他那時非常憂慮日本軍人之跋扈，及王外長與張學良不與交涉之態度，深恐將會引起軍事衝突，故與我國當時駐日公使汪榮寶先生商談，請他親自回國轉達彼個人紓解中日緊張局面之方案，並願親自與王外長談判之誠意。當時其構想為日本方面願意儘量放棄在中國關內不平等條約下的權利，但要求中國方面承認其在東三省之既得條約權利。汪使即銜命返國，向王外長報告局勢之嚴重，及幣原之誠意。不料王外長竟無動於衷，亦無意與幣原談判。汪使當時即警告之曰：此機會錯過，中日關係如決裂，君當負其責任。遂憤而辭職，不復返東京任所。王外長亦不以為意。此中日關係瀕於破裂之際，使節迄尚虛懸，無人繼任。（此事見曹汝霖之自傳。蓋汪使辭職後，曾至天津，與曹道及此事，並致深慨，曹遂記錄於其自傳中。日本幣原喜重郎於戰後發表之自述，亦於此事有所記載，可互為印證。）

及先嚴自德回國，向最高當局述其意見，不意當局竟欲命先嚴為出缺已久之駐日公使，設法補救。先嚴既已對王外長之外交政策極表不滿，此時雅不願再出任外交使節。因固辭曰：「晚矣，日人野心已發動，外交當局以前過於疏忽，此時欲圖補救難矣」。但當局堅持，不得已而勉受命於危難之際。他於民國二十年六、七月間返國，八月間明令使日，遂於九月間取道東北經朝鮮轉赴任所，於九月十九日晨過平壤時，即見號外報導九月十八日瀋陽事變消息。先嚴抵日以後情形，筆者前於《傳記文學》社為先嚴出版回憶錄時，所寫之序文中已略有敘述，於此不再贅言。

六

以上歷史性的回溯，意在使國人了解四十餘年前所發生瀋陽事變之醞釀期間，我外交當局之應付態度，並析述事變未發生前之跡象，如善盡人力非不可避免或延緩者。倘濟南慘案後，全國上下果以臥薪嘗膽、十年生聚為國策，自應儘量隱忍，務使瀋陽事變之類，能不在生聚教訓有成之前發生。奈何濟南慘案奇恥大辱之後，國人仍自內爭不已，努力於自相砍殺。而先嚴所建議之聯德和蘇，以建國建軍之策，竟被束之高閣。我外交當局又不善利用世界上和平自由之潮流，廣交與國，而偏高唱「革命外交」之口號，使列國始終以「過激派之政權」視我政府。復刺激日本軍人，促使加速於我國建國建軍毫無成就之時，發動其武裝侵略。雖天下之至愚，亦應知其非當。

往日閱報見日本戰後早期有一首相名池田勇人者，人有問其外交方針，輒答曰：唯採取「低姿勢」而已。為此曾受盡左傾反對黨之揶揄，而池田不改其道。池田洵真正之「勇人」！假使戰後初期日本之領袖如幣原、吉田、池田者，皆如我國之革命外交家，盡皆高唱其「革命外交」之高調，則日本是否能如此順利重建其殘破之國家，發展其前所未有之經濟生產力，而令其現任首相中曾根能以自由世界第二經濟大國之資格，參加威廉堡之高峯會議，揚眉吐氣，一改其過去之低姿態，恐亦甚成疑問。世之史評家仍或有以唱高調者為愛國，凡主張忍辱負重與日本談判者，都認為親日或媚日，恐更助長一般喜唱高調，徒好大言而不務實之風氣，更使忍辱負重，埋頭苦幹之人絕跡於我國政治，則對今後外交政策，必將有深遠之不良影響。今值紀念之辰，輒抒橫梗胸臆多年之積蘊，既以遙念在天，亦冀覽者將有感於斯文。

親恩永慕話連枝

蔣碩平

一

蔣家的祖先原籍江西，因避洪、楊之亂，始遷湖北，先暫居麻城，後定居應城；因而隨之改籍，先祖父成龍公，以耕讀起家，祖母易氏，生我父輩昆仲四人。大伯父居家耕讀，秉承祖業；生我堂哥繼先，堂姐思仁；前者曾任中校軍需官，共有孫女輩一人，外孫輩三人。二伯父因中年續絃，後病歿，僅有一女芝秀，而無子嗣，故先父曾將我二哥碩英過繼二房，始有孫子、孫女各二人。四叔作霖公，號雨山，曾任應城膏鹽股份有限公司（總公司設在漢口鼎安里）理事長兼應城石膏公司常務理事，家住應城南街，曾興辦應城中學及應城醫院，造福桑梓，饒有貢獻。生有堂兄思德及堂姐思義共有孫輩三人及外孫輩六人，思德兄為蔣家唯一從商者，傳在大陸淪陷時，他們已遭共匪清算鬥爭而歿，誠夠悽慘的了，先父行三，為蔣家唯一在外鄉謀發展者。

祖父成龍公尚有一位胞弟，生有三子一女；五堂叔作舟公去世較早，因無子嗣，曾將六房之長子碩新過繼，以承繼香煙。六堂叔作霆公，從商頗有發展，生有二子一女，其次子碩格為軍校二十一期戰車科畢業，中校時退役，現在中壢開設加油站；娶妻賴秀美，生有一子及一女，人達與明慧，七堂叔作均公，黃埔軍校三期畢業，曾任徐源泉部之旅長兼應城縣縣長。當時賀龍、林彪二匪在那一帶作亂，賀龍匪之妹賀英被殺，後遂種因七叔之被清算鬥爭。七叔在縣長任內，對地方上也頗有貢獻，曾興辦應城國小及西湖中學。其唯一之獨子碩甫於高中時代病歿於重慶，如今由小姑紹靜之女奇蘭代為承繼香煙。

二

先父作賓公，字雨岩，民前二十八年三月四日生於湖北應城；少有大志，才智超群，適張文襄公督鄂，厲行新政，選拔優秀學生前往日本陸軍士官學校研習軍事，先父遂得因參加考試而獲錄取，派送日本，入士官學校第四期。因目睹清廷政治不修，國事蜩螗，卒於己巳年加入同盟會，追隨總理從事革命；以迄我先總統蔣公領導本黨，始終襄贊中樞，不遺餘力，功在黨國，垂諸史冊。

余年幼與先父相聚在一起時的生活為時較短，所得的事蹟亦均為斷斷續續者，其原因不外為先父經常忙於奔走革命，亦確實無法天天與家人團聚，故僅就一時回憶所及，按年代之先後略述數項印象於後。

在我三歲童年初有記憶時，於幼小的心靈印象中，最深刻的事就是見到先父英挺高長的身材著全副武裝，配掛齊全時（那時的軍帽上有馬尾，肩頂上有金絲穗，非常漂亮）；加上他非凡的儀表，真是有雄糾糾氣昂昂的風範，此也即以後我誓志要做軍人，直接為國效命疆場主要原因之所在。那時每當先父辦完公返家時，一聽到父親當年最新穎的老爺車「喔喔喔」一叫，我們即爬上院牆邊的一座土堆上，看著衛兵為先父的轎車開門（那時的轎車，兩邊都有踏板及扶手，可以同時站立四個盒子砲手衛隊；先父不願招搖過市，僅在車內前座有一副官隨行）。先父一下車後，我總是唱著那時才學會不久的「打倒列強……」的老歌來迎接他，他也總是和顏悅色的摸摸我的頭嘉許一番。

稍長，全家由北平遷往上海，初住神州女學附近。後又走避共匪在城市暴動作亂，我們在一天晚上，冒著砲火，趕到門外不太遠的一家出租車行，搭車到法租界。以後很多年就定居在法租界。記得離我們家門口的十字路口至另一十字路口就是法國公園，先父在家時，常來公園散步，我們一大群孩子，有時跟著一起去玩。有一年大哥高中畢業，將隨父母一同赴德求學；因為分別在即，還請求一位照相師，拍了一張全家福。當年七弟才去世不久，八弟根本還沒有出生，後來爸媽臨走的前幾天，報上還將該照片刊出。可惜該照片仍在南京老家，未能翻印數張給兄、弟、姐、妹每人一張留念，殊為遺憾。後先父出使赴日，也照過一張全家福，惟缺大哥，但新添了八弟，大家都長了三歲多，也為報上用過。

家父是一位出身軍人的政治家，能運用智慧策略，不戰而屈人之兵的勇者，他每每奉命深入虎穴而均能履險如夷，逢兇化吉的出來。以他大氣凜然的氣節，蘇張之口才，利害剖析，透徹精微，令人折服，常能使強敵由衷的信服，為其所用，其辯才之突出亦可想像，他是中國國民黨革命初期最好的宣撫招降人物之一。記得小時有一年在上海翻箱倒櫃清出一些舊唱片，放來一聽，原來是先父在各地及美國的講演紀錄。聽後才知先父的演說是那麼的有說服力，其用詞之洽當，聲音之高低，抑揚頓挫，恰到好處；加以抽絲剝繭，有條有理的分析，簡直叫人聽了五體投地。又憶及民十八年我讀齊魯公學時，某一次的校慶同樂會時，因我也將上台表演「小小畫家」短劇之一角色，所以先父也因我的熱烈請求而同我去看我的表演。當時校長見先父同來，馬上將之迎至貴賓席上坐下，並請先父在開幕時為全體師生家長講話。先父客氣了一番也就答應了。及至上了台，把日寇如何在山東的侵略暴行，殺害我外交代表蔡公時的一段經過向大家作了一個詳細的報導，讓大家聽了油然產生無限敵愾同仇之心，這是我第一次聽到先父的演講，是那麼的精闢動聽，其印象之深，使我終身難忘。

先父平時生活簡樸平淡，西裝、皮鞋雖甚講究，但穿了十幾年，由於愛惜，仍如新製；和我們在一起，流露著慈祥和靄。我們玩捉迷藏時，有時就躲在他的大袍子中，他有時故意坐在沙發上，掩護我們的躲藏，事後還和我們一同大笑，由於他留有小鬍子，和我們親熱俯吻時，刺得我們又癢又痛的，因此我們給他取了一個外號，叫「鬍子爸爸」。他嚴肅發怒時也很可怕，如查考我們的功課不好時，就會嚴訓一番，並不時鼓勵督促，為我們不惜花費請家庭老師補習，我們也不得不加緊用功讀書。除讀書以外，也要求我們同時要強身，所以在暑假、寒假時要我們去精武體育會報名學習各種拳術、劍術等，因此我們小時，人人身體健康，體育成績總是甲等以上，我們藉多運動為理由需要騎自行車上學，所以每個男孩，十歲生日必有一輛上等的自行車作為禮物。有一個時期，我們家前門玄關總停有五部腳踏車之多，我自有了車子以後，活動的範圍大增，後來到瑞士求學時，車子留下沒人騎，也就送給我小時最好的同學之一——劉豹了。

自從我們全家由北平南遷上海後，先父似乎不再著軍服了，以後他當了公使及大使，所著之大禮服及燕尾服，更顯得魁偉威武，與歐、美的使節站在一起，毫無遜色。先父去世後，其大禮服上所留有「中華民國」字樣的鍍金扣子，我把它留下作紀念。以後給內人做了一件呢上裝配有這些扣子，當她穿著上班時，同事們都戲稱她是女大使，留下一段佳話。

在我的印象中，先父似乎最喜歡我大哥、四哥、五哥與八弟。大哥、四哥最聰明，和先父在一起的時間最長。五哥小時，一頭捲髮，是一位英俊的美男子，人也很聰明，先父也很喜歡他。八弟是家中之老么，小時一直在父母跟前，也非常聽話，文靜可愛，所以也甚得先父之歡心。至於女孩中，先父似乎最喜歡二姐，但對男、女孩決無偏心。

總之以後的一段日子，父母們經常在國外，很少見面，家中總是外婆和我們在一起。由於外婆和我們很親切，所以也沒有覺得有什麼兩樣。在「一二八」事變時，外婆還率領家中的婦女們一同縫製棉軍裝，送往前線，大家全力支援前線，擁護政府。有一年先父由德國回來，帶來了十幾隻大木箱，裡面全都是大理石的雕刻成品；其中有一座「三美觀潮」一根手指頭斷了，後來保險公司還賠了錢，我們弟、兄、姐、妹每人都得到一座大理石的筆架和裁紙用的石把銅刀。我們幾位年幼的所得雖不是什麼上品貨，但每人都很高興，大家都把它擺在書桌上用起來，當時我一直把它愛惜的用著，直到瑞士求學歸來時沒能帶回實在引為憾事。

我與五哥赴瑞士求學時，先父因公忙，未能返滬來看我們。直到我十六歲時，中日戰爭爆發後兩年，由於匯款不易，才召我回國。那時返國唯一最近途徑是由越南經昆明至重慶。返渝後，先父為我請家館，補習國文及數理課目。四個月的時間，每天傍晚經常陪伴在先父之側；經常在中四路十三號上清寺至曾家岩一段山路上散步，先父時常問起我在瑞士時讀書的情事。我也擇有意義的告訴他，他也講些在日的趣事，如應邀赴日皇皇宮打鴨子的事等，有一天他告我，本來不想召我回來的，無奈戰事一起，物價暴漲，貨幣貶值，本來匯我們的款子，估計夠三、四、五哥和我讀完大學的，但因通貨膨脹的關係，四人之費用可能將來三人用還不夠了，加以匯款不易，不得不先召我回來。我的想法，也符合他的意思，認為留學還是高中畢業後再去為妥。他又說家中已無恆產，南京成賢街三十七號沙塘園的大宅及廬山大林寺「花經」對面我家的「樂天別墅」固乏人照料，一毀一廢；應城膏鹽公司及百餘畝田產，因未分家，又在敵手控制下，也等於沒有了，其所能給我輩者，即唯一的良好教育也，彼又云此即我輩今後謀生的本錢，但願其能活到將我們弟妹都撫養長大成人，完成大學教育，於願已足；否則只有寄望家兄們學成後予以提攜我們了。

可惜先父去世太早，弟妹都尚未成年，最小的還在襁褓之中，幸得政府在褒揚之餘，還撥了一部分款子作為子弟教育費，每人一萬元（折合今日之新臺幣約為五萬元）；對每一位未成年子弟實在不夠，但總算也維持了三年。勝利還都，我赴美裝甲兵學校留學歸來，就便去查看了一下沙塘園老屋之廢墟與地皮；該地約有四百餘坪，位於成賢街中央大學之左鄰，可是已被七十餘家違建戶所霸佔。在不得已的情況下只好把它賣給交通部，由機關來處理違建戶，因此所得之款不多，因大部分都用去償還違建戶之搬遷費了，否則他們是決不肯遷出的。得此款，才解決了安妹與健弟之四年大學費用及三姐之龐大住院費，也幸好賣了，否則留下還不是給共匪沒收了，也算完成先父遺言之一番心願，因我當時身為軍人，待遇菲薄，對弟、妹無多餘之款可接濟，過去在東北行營所領的十萬元之還都費，早已分給安妹、健弟及能妹作為課讀之零用金了。以後大家又都分散了。

先父是民三十一年十二月下旬，因患重感冒轉肺炎後併發心臟衰竭而歿。去世時還差不到半年就是六十歲了。當時我正在白沙教育部特設大學先修班上學。噩訊傳來，翌日清晨上江邊趕船返渝。一到上清寺，見到上坡一片花圈置放我們家大門裡外及路邊，才快步哭拜靈堂。當晚伴靈柩而眠，翌日起靈發喪。儀仗隊與送喪行列約一里長，扶靈過江至南岸，爬坡數百級再走田邊小徑數里才到湖北同鄉會之野貓溪公墓。下葬後天色已晚，當即夜宿會館。聽說先父在德任公使時，因當時之外交部發不出薪水，曾為公家陸續墊了甚大一筆款子，作為使館的經費及館員薪水。可是外交部一直虧欠未還，使先父頗感困窘，後僅由梁龍先生一人還了一部分，這筆錢還是好不容易從老家的膏鹽公司設法調來周轉濟用的。先父去世後，幾任外交部長都不聞不問，都抱著事不關己的心理由他去。如果該筆款項能在先父去世時歸還，也不至於身後蕭條，使我弟妹們受那麼多折磨痛苦了。當時曾悶悶的想了兩夜，決定自己犧牲不讀大學而去從軍了，不數日返回北沙，清理行囊，告別師長、同學，再返重慶；並又告別繼母與弟妹，即搭上成渝公路之班車，赴成都投考軍校去了。

三

家母張淑嘉，字楚，湖南湘鄉人，生於革命先進世家。外公張通典（伯純），為清朝之進士，不但道德文章好，曾辦過數個學堂（中學）；思想新穎，不畏艱辛，早年即參加革命，祕密吸收有為青年從事推翻滿清工作，終得於辛亥革命前夕率次女默君，說服江蘇巡撫程德全起義響應革命，通電各省，宣布獨立，遂光復甦州。

外婆何儀生女士，係衡陽何通隱先生女弟，適外公張伯純先生，夫家母族，並出名門。都是通才碩學，餘事能詩，佳句流傳，世所推仰。據二姨母說，當年外公新婚入洞房之先，必須把外婆在門邊所掛的「上聯」對以合式的「下聯」，能對得使她滿意時，才准進入洞房，一時傳為美談。由於外公外婆都是大有才學的人，所以子女各擅才名，篇什唱酬，甚有由來。外婆曾擔任過養正女中校長。我們家人與母親家人較熟，因為先父、母經常出國在外，總是恭請外婆前來看家，照顧我們。所以對母家的人和事比較知道得多些，外祖父去世後，外婆就成了張家的總聯絡人，經常看到外婆伏案寫信，每事告一段落，抽一兩筒水煙休息一陣養養神，所以她的精神一直很好。我們小輩環繞著她時，最喜歡聽她講故事和笑話，有的我至今不忘，尤其是《子不語》和《聊齋》上的一些鬼故事與《笑林廣記》上的笑話等。外婆管家時，每天下午四點必為我們準備點心，不是餅乾、健脾糕、綠豆湯就是藕粉等，記得小時我最愛吃的是茯靈夾餅。外婆在含飴弄孫之餘，晚年頗不寂寞而得頤養天年（曾活到八十六歲）。記得在我五歲時，外婆在上海「徐園」過七十大壽，當時的盛況真可說冠蓋雲集，嘉賓畢至，總有數十桌的客人，壽堂張燈結綵，並有連台好戲上演助興。當時小時候，聽說有吃有玩，當然高興，也就樂得擔任小主人，帶同賓客的小少爺、小姐們在花園裡捉迷藏，爬天橋，過魚池，玩得高興飯也忘了吃，興奮得直到深夜還無睡意。以後十歲時，好像又為外婆七十五大壽又熱鬧了一次，還是在同樣地方。當時是張家最盛之時；尤其三位女婿都頗有地位；一是駐外使節，一是立法院副院長代院長，一是大學校長。兒孫滿堂不下數十人，當時上海灘的報紙頌揚我外婆真是福如東海，壽比南山，福壽雙全。外婆生有我姨媽與先母四人，舅舅三人。一家可說人丁興旺，而且也多能成家立業，分述如後：

大姨媽——去世太早，名字我們都不記得了，只知道她曾嫁黃木樸先生，也為日本士官留學生，與蔡松坡先生同期，生有三女。幼女黃冷玉，因大姨媽去世得早，所以是由二姨母從小帶大的，他在英國留學時曾結識了李壽雍先生；後結婚，但未有生育，李壽雍曾任上海暨南大學校長，及來臺後曾任考選部長、中國國民黨中央紀律委員會主任委員、評議委員等要職。

二姨媽——張默君，民前二十九年生，肄業匯文女中，畢業於務本女校師範科及上海聖約瑟女子書院（且獲第一名）及美哥倫比亞大學教育碩士，二姨媽早歲即讀各種有革命思想之書籍，因此思想前進，曾參加同盟會與秋瑾，劍湖女俠結為知己；後又追隨其父參加光復甦州，自任蘇州《大漢報》總編輯，鼓吹驅逐韃虜，創立民國。留美歸來，領導婦運，創辦神州女學，開創風氣，當年風頭甚健。據胡適之的日記，在清末胡先生還是小學生時，而在上海學生運動中聽過她的演講，為她搖旗吶喊（某日，當我陪同外賓參觀中央研究院曾在胡適之日記中得悉）。當時國民黨人士與其交往者極多。先父也於民前三、四年因志同道合之關係與其結識，且大獲二姨母之青睞，某日二姨母將先父帶往家中拜謁外婆，先父乃得識先母而一見鍾情，乃大膽向我外婆提親欲娶先母。外婆見到先父一表人才，當即暗表同意，促其速派媒人攜禮前來正式提親。民國元年，同盟會改組為國民黨，國民黨成立後，各省有分會支部，在上海、漢口不叫支部，而稱交通部。上海之交通部長當時是居正先生。二姨母是編輯課課長，當時其課中有一位課員，邵元冲者對其十分仰慕，但是年齡卻比她小六歲，此一消息不脛而走，大家都千方百計為其促成，先父也極贊成，可是二姨母當時卻提出了婚嫁的三個條件：要留學，武要將官，文要掌印。所以未來的二姨父在國父身邊當祕書，工作非常認真，並到日本協助國父成立中華革命黨。國父答應元冲先生可以讓他完成這三個條件，後來派他去留美。他自己本為先總統蔣公之至交好友，曾換帖結為金蘭之交，返國後總理又派他擔任中華革命黨紹興司令官及東北軍司令部的警備司令（當時先總統蔣公為參謀長），黃埔軍校政治部副主任（以監視當時的主任周匪恩來）等職。民十三年當其由美歸來，把他曾編寫的一本書《美國勞工狀況》送給我二姨母，二姨母對他的著述極為滿意，兩人交往了十三年，且又分別了八年，可是皇天不負苦心人，有情人終成眷屬，也是當年的一段佳話；先父、母為此事也極為二姨母慶幸並祝福不已。二姨母之書法是有名的，其實她的繪畫也很精，她後曾任杭州教育局長、南京女師校長、立法委員、考試委員、中國國民黨中央委員及評議委員等職。

先母在大排行中行五小排行中行三——張淑嘉，字楚，民前二十二年七月十四日生於湖南湘鄉，上海務本女子書院畢業，曾做過中學教員，因從小即接受新式教育，又在教會學校讀書，所以中、英文均佳，也因此後來對先父在外交上的工作幫助極大。先母性情開朗豁達，心地仁慈可親，而對人一向以誠，從無心機。少女時代擅長運動，到了十三歲纏足的年齡（其實己耽誤了好幾年了），她非常不願意纏足，每次被纏，又偷偷地把它放鬆，外婆時常笑她，說她要做大腳婆娘，將來可嫁不得人，她也不在乎。幸好張家革命風氣開放得早，先母的解放腳比一般的少女解放得早，而未至不良於行的階段。某日二姨母帶著先父來她家吃飯並拜謁外婆，先父經介紹得見先母，驚為天人，先母也極喜先父之英俊瀟灑。大家有說有笑，把其他的人都忘了，倆人靈犀互通已心心相印，默默相許於心了。隨後先父特請其上司黃克強先生作媒攜聘禮向我外婆請求將其三女許配給他，外婆對先父亦極表滿意，而馬上表示了贊同。不久先父就娶了先母。先母乃是一大有福氣之人，雖然生育眾多，但都有傭人奶媽照顧，自己坐鎮指揮自如，沒有太多的煩惱，中間歷經變亂，但均能逢兇化吉。只有最後因生育過多，心臟衰弱，而又逢抗日大戰爆發，南京大轟炸受到了驚嚇，逃難途中病發，至應城家鄉醫藥缺乏，「庸醫殺人其奈何」，終因不治而歿，臨終僅大姐照料在側，總算有了一個善終，沒有受到什麼痛苦折磨。先父、母之間感情極好，但為使二姨媽有後，仍將心愛的幼女碩能過繼邵家。因此蔣、邵二家踪跡最密，二姨媽每次來我家，經常攜帶大批糖菓給我們小輩，見到先父、母時，一談就是好幾小時，問長問短，從家中小事到暢談國家大事，先母的才藝和二姨、八姨一樣的出眾，我曾見過她畫過的古典美人、工筆山水及西洋水彩與油畫等，在我看來，其每一幅作品都有資格陳列在展覽會上。

六舅——張元祜，保定三期，陸大六期，曾與白崇禧與徐培根等二度同學，曾任各軍職參加東征、北伐、剿匪、抗戰諸役，後任參謀本部高參室中將主任，生有三男三女，如今均陷大陸，舅父今已作古。

八姨——張俠魂，也是務本女子書院畢業，精於油畫，且富有冒險精神。她是中國最早期的二位女飛行員之一，另一位是其摯友林鵬俠女士；她們可說是手帕之交，有一次在上海飛行，飛機發生了故障，迫降在一草堆上，八姨母腿骨折斷，幸無大礙，接妥上了石膏，不二月也就出院了，後嫁與浙大校長竺可楨先生。後者為一氣象學家，曾得天文博士，並以在國內首先發現冥王星而名噪一時，生有三子二女。八姨媽一生最尚清潔，可惜抗戰逃難時得了禁口痢，由於缺乏醫藥，不治而殞歿，這也是日寇所賜，使我痛恨日人。

九舅——張元群，三、四歲時，對於對對子才思敏捷；有一次外婆隨便出了五個字「聰、敏、秀、榮、慧」叫他對，他隨口而出「癡、橫、蠻、恥、獃」。曾畢業於南洋大學及交通大學之工科，但後入河北幹部訓練班。初在財政部工作，後任鹽山、莒縣及定遠等縣縣長，後任行政院簡任祕書，對撰寫公文稿極為在行。九舅一家人，也是和我們家走得比較近的一家，在上海時，他們曾在我們家住過一段時期，也是張家最興旺的一族，有五子二女，長子式琦為一極為優秀之軍人，曾在各級軍事學校受訓，均名列前茅，官拜中將，曾任情報局長要職。三子式烈為一歷任軍職而又兼為學者，現在美任職。四子式魯也是一優秀軍人，曾留美得博士學位，現在中正理工學院任少將教授。其他均陷大陸；九舅已去世，其次子式堯也是軍校十五期生，勝利後曾擔任過砲兵連長，惜乎淪陷大陸，現均無消息。

滿舅——張元雄，我們小時就叫他雄舅舅，因為那時他正當少壯之年，是一位雄糾糾氣昂昂的上校團長，出身東北講武堂，歷任東北軍各隊職。他曾和我們談了好多打仗的經驗，他也很會一些「功夫」，曾教過我們一些拳術，不久以後，他結了婚，也有一兒一女，以後就失去了聯絡。

以上母系的家族介紹完畢，也該談談自己的母親了。那個孩子不喜愛媽媽，那個母親不愛自己的孩子，天下沒有不是的父、母，只有不是的孩子。可惜先母去世太早，自我十一歲離開了母親與五哥赴歐求學，三年後她在抗戰的初年就病故了，也想不到那次上海的離別卻成了永別。一向好強的我，從不輕易流淚，但當我在國外獲悉此一噩耗時，也哭了一個晚上才在朦朧中入睡。我和母親在一起的時間不長，大概只有六、七年，雖然如此，母親的一切，在我心中的印象仍極深刻。在我長大時，我多麼期望能再見到母親，奉養服侍，盡一份孝道，可惜再也沒有機會了，終身飲恨。

記得三歲時，我的智慧已開，那時母親深愛著我，經常將我抱在懷中，由我問東問西。我也非常喜歡依偎在母親的懷裡，認為那是最安全、舒適與快樂的所在。每當母親生了弟弟、妹妹，身上總有一股乳香，這是我最喜嗅的香氣，往往陶醉其中，再不想離去。媽媽既認為我已夠靈巧了，所以自此以後就要教我認方塊字了。三百個生字，我一個半月就全學會了。媽媽的教授法很好，先讓我看畫，再教我看字、發音，每天六至八個生字，每學會無誤時，總有一點小小的賞賜，不是一塊酥糖就是幾片餅乾。開頭比較容易，我往往幾分鐘就會了，但媽媽決不要我囫圇吞棗，也不揠苗助長，總是循序漸進的、有耐心的教著我，學到後來，慢慢難起來，她必反覆的教，即全部會了，還時常把方字塊拿出來複習，直到滾瓜爛熟再沒有一個錯時才停止。我全學會了，才是媽媽最為高興的時刻。由此可想而知母親教孩子的耐心與關懷，更可知媽媽教導我們子女十二人該費了多大一番苦心了；只有做母親的才有這種精神。先母平時除相夫教子管家外，閒來無事時為孩子們織毛衣、襪，其最喜歡的消遣：一是吹簫，音律之優美，餘音繞樑，歷久不散，讓人出神入化，心曠神怡。二是整理花圃，其園藝是無師自通的，經常買各種各樣的花，親自培植；家中的盆景到處都是，花瓶中也經常供養著美麗的鮮花；其花道也是一絕，讓人看了賞心悅目，就感覺是美。

母親在我的心目中，永遠是最慈愛、最美的、最溫柔的、最使我孺慕的人物。母親即在四十六歲時，看上去仍似三十剛出頭，臉上沒有一絲毫皺紋，皮膚之好，就像粉琢玉磨，細嫩如嬰兒。她的身材修長，是張家最高的女兒（一公尺六十七公分），真是美得高貴，端莊富泰，簡直就是中國傳統上所謂的清麗脫俗的一型。與我先父的儀表象配，不但相得益彰，在外交場合上，堪稱珠聯璧合，決不亞任何歐、美的代表。先母比先父稍小五歲，在年齡上也是最適宜的，堪稱神仙伴侶般的一對佳偶。

先母雖僅高中畢業，但在「女子無才便是德」的時代，已經是很難得的了，加以先母是教會洋學堂出身，中、英文的造詣都很深，這對先父後來在外交場合上為一大幫手。她對外交禮儀也非常熟悉，周旋外交圈裡自然而從容，能以流利之英語擔任先父之翻譯。她對晚宴之安排有她獨出心裁的一套辦法，他有時不用席上的名牌而以不同的花代之，每一賓客光臨，便由女主人為其配戴一朵花，到上桌時，只要尋找桌上與他同樣的花朵就是他的座位，使客人有一種新鮮氣氛之感。

由於先母在德兩年多又有了身孕，所以提前了幾個月回國，那年媽媽返滬時，給我們每人備了一份好玩具，我是一隻毛絨猴子，五哥是一隻小狗，三姐是一個大黑娃娃，會翻眼還會叫，她的禮物最好，因為她十歲大生日，那一陣我們環繞著媽媽要她講歐洲風光。先父是一位最愛旅行者，媽媽因此也遍遊了歐洲各地之名勝古蹟，她說著就拿出一隻小皮箱，裡面裝滿了明信片，總有四、五百張，都是各地的風景、民俗照片。邊說邊給我們看照片，如：瑞士的雪山明湖，坐吊車上三千多公尺的雪山，看少女峯的冰河，到義大利維尼斯水都坐那裡特有的兩頭翹的小舟（Goudola），上佛羅蘭斯選購大理石雕刻像，到羅馬看古競技場，到龐貝看被火山灰塵及熔漿掩埋的古城及維蘇維斯火山。還到一不知名的地方看一座用骷髏頭及骨架所做的教堂，媽媽還問老神父住在裡面不怕嗎？老神父答告如果這些骷髏骨架要是真人的話，才可怕呢，死人是不能作怪的。又赴西班牙看鬥牛，到巴黎上鐵塔與凱旋門，欣賞盧浮宮的古物及凡爾賽宮的富麗絕倫的內部裝飾，及圖案式的庭園。在英國看白金翰宮衛兵換防，倫敦塔橋，海德公園，大英博物館與莎士比亞故居。到荷蘭欣賞一望無際的鬱金香花田、風車、運河、及穿木屐的女郎。到比利時憑弔滑鐵盧古戰場，到維也納乘坐馬車沿藍色的多瑙河遊麗泉（Schoubrun）及維也納森林。到捷克參觀斯柯達兵工廠，赴北歐看丹麥的美人魚銅像，芬蘭、瑞典的湖泊，挪威的峽灣以及在斯堪地那維亞最北端的亨墨菲斯特（Hammerfest），一個半年日不落，半年不見日的地方，欣賞北極光，看柏林大動物園的大蟒吃小豬，並與老虎合影留念。她還拿出照片為證，一隻大老虎人立著用兩前爪搭在先母的肩上，我們看了好不嚮往，大家欣喜媽媽遊玩了那麼多好地方。在媽媽詳細的講述下，我們好像也同遊了一轉，衷心羨慕不已。當時我曾發誓謂：總有一天我也要遍遊世界，如今雖不能說已全部如願，但總算也到過了四十二個國家。

父母親在家時，我們經常去法國公園玩耍，尤其當我們讀上海女中附小時，為抄近路，每天必通過該公園，當時我最愛看安南巡捕的救火操演。每年我們全家總要買六張年票pass。每逢媽媽生日時就是法國國慶，我們總要去公園看煙火玩，先母在家時，經常為我們眾多的兄弟姐妹添製衣物，不得不去各大百貨公司（如先施、永安、新新等）。每次出去選購衣物，返家不免較晚，由於我家有等待長輩來到才能開飯的習慣，所以有時等得肚子餓得叫。先母一返家，我們就會好高興的詢問有沒有帶好吃的回來，媽媽也知道我們實在餓了，連忙將大包、小包打開，先讓我們吃一塊奶油蛋糕或一塊白糖菱角糕，這些都是我們愛吃的東西。在飯桌上，如果家人到齊就有十二、三人之多，那麼最小的兩、三位就得在旁邊茶几上吃了，小時大家身體好，胃口也特別好；尤其是我，在吃過一大塊糕之後，還能吃下三碗飯。八菜一湯在我們這批生龍活虎之下，盤子都吃成了道光（倒光）年的了，一笑！我們家的傭人也是一大群，必須另開一桌，由於家中老媽子我們都叫作什麼什麼「媽的」，所以他們將先母尊稱為「太太媽」，而我們更將之簡化為「太媽」，即一切「媽」之最高者，我們家講的一種話非湘非鄂，也不知怎麼演變出來的。媽媽平時和我們講話是和我們講的一樣，但她和外祖母、姨母等談話時，則仍用湘鄉口音。她的鄉音卻很難懂，「一二八」松滬後常有一此湖南傷兵上門要錢，她總是用鄉音和他們閒聊幾句，再給予兩、三塊大洋才把他們打發走。

有一年暑假是我過得最高興的一次，先父母特於民二十二年七月返回上海和我們同至廬山去避暑，因為那時蔣委員長開設廬山訓練班，中央大員都要前往開會聽講，以後的幾年暑假，中央黨部及各部會首長都要在廬山聚會，為了方便計，先父乾脆決定在廬蓋了一棟別墅，由於牯嶺廬嶺一帶的地皮太貴，只好選擇靠近大林寺一帶較遠的地區，當時蓋了一棟二樓有七、八個房間的大別墅，附加三、四百坪的大花園，也只不過一萬大洋還不到。我們家就在唐朝白樂天栽種桃花的「花經」舊址對面與吳鼎昌先生的別墅為鄰，先母給它取名「樂天別墅」。「花經」裡住著一位管院子的老和尚，專門種花供應大林寺用。這位老和尚很會講故事，每次都把濟公活佛說得如何神通廣大，佛法無邊，而把道士們說得一文不值，無一是處，總是被和尚打得流花流水，他告訴我們如去「大林寺」聽太虛大師說法，中間休息的時候還發熱烘烘的大饅頭。我有一次去，果然吃到了大饅頭，以後就等快要發饅頭時再去，拿了兩個大饅頭就走，因為太虛大師講得太玄，我實在聽不懂。我們和爸爸媽媽經常去散步的地方是仙人洞，在中途有一小亭子，先父曾為它題了字，叫「息肩亭」，我們最喜神龍潭的瀑布，那裡游水最舒服，水最清涼。有一次全家經含鄱口、烏龍潭、黃龍潭至海會寺，來回六十餘華里，每到一座大廟，我們總要停下來休息，和尚們見到先父母駕到，方丈必親出奉陪，還擺上茶點招待；如在中午時分趕到，還備有素席，雖說不收分文，但憑施主隨意樂施，可是爸、媽往往出手就是四、五十元，超過實物之價數倍還不止。下午於返家途中，傾盆大雨兩、三小時不止，河川暴漲成急流，我們小孩無法過澗，必須轎夫背過去，我一人雖然走失了，但仍能冒著雷電、大雨慢跑，摸黑比別人提前一小時返家，當晚二哥亦由日本士官學校放暑假期間趕回，並在廬山與家人歡聚一堂。

總之童年的回憶是美好的，和爸、媽在一起更是我們一生的黃金時代，只可惜父、母去世太早，自我以下的弟、妹均未成年，所好「八年抗戰」沒有再長期的拖下去。雖然先父送我至瑞士於求學中途而返，但能學得一、兩種語言專長，對今後的工作還是有莫大之幫助的；如考留美、韓任譯員，派赴越、赴菲、赴歐工作，都得力於英、法語文，所以父母所給我受的教育，也就是今日的本錢。家父最為淡泊名利，有錢一定用在孩子們的教育上，僅在南京蓋了一棟大屋及廬山一棟別墅，但今已毀壞，可惜的並不是房屋，而是一些不可多得的書籍，如原裝大英百科全書和柚木玻璃櫃，線裝本《資治通鑑》及《二十四史》與《四書》、《五經》等也都遺失了。應城花園鄉老家的產業我們也從不過問，都由四房保有，遺產可說一無所有。只有先母還有一點投資置產的頭腦，先父給的家用，她總是量入為出，多餘的儲存金城銀行，集少成多，藉以利上生息。先在上海江灣匯豐碼頭附近買了十幾畝田地。當時曾租給一佃農，不收任何租金，每年收成時，僅接受一點象徵性的農產品，如以時價計，也不過兩、三塊錢的小意思，該地未來如以遠大之眼光視之，可能發展成為工商業區，那就值錢了。當年買下時也不過數百大洋的事。先父任內政部長時，全家遷往南京，先母當時想，政府既已定都南京，應是一久居之地了，乃花了她全部的私蓄，蓋了修德里八棟相連「二上、二下」的一排相連的弄堂房子。當時大概還不到三萬元，因為地處中央路童家巷，在玄武湖附近，當時還不是繁華地區，地價並不高。她是想將來給每個孩兒成家時好有地方居住，真可謂用心良苦了。當時僅大姐結了婚，也是我們家第一人暫住該地，可是房子剛蓋好不久，「七七」事變爆發，緊接著「八一三」松滬又起大戰，待南京危急時，僅留下王遜（係先父之老跟班）一人留守看管房屋，可是王遜自被日兵抓走就了無踪影，沙塘園的大宅遂被地痞流氓折毀而變成七十餘違建戶。所幸修德里的房子於還都後收回，但也已損壞得很嚴重，只好保留其一給繼母、弟、妹住，其餘七棟暫租交通部，但要從租金中扣除修屋費，也即等於兩、三年拿不回一文錢，總之先父母待我們真是無微不至，我們只有永懷感激的。我們一直以先父母為榮，只可惜我們現在各自稍有餘力時，但已沒有機會回報父母之恩而深以為憾，所幸諸兄、弟、姐、妹均能本兄友弟恭，相互提攜，相濟相助，每人有困難時均得以順利過關，如今每人均有舒適的晚景，這些可說全是父母所賜，偉大的父母，只有在心中時時懷念，卻無法感恩圖報了。今特藉先父百年冥誕前夕，寫下這些追憶，留作一永恆的紀念，並以傳示下一輩的子侄，但願先父母在天之靈，能以我們都沒有辜負了他們的養育而含笑安息。

四

先父由於子女眾多，曾贏得「多子公」之美譽，又於某日在報上曾刊出燈謎晚會之燈謎如「委員長赴宴」，以先父之姓名為謎底，也為趣聞之一也。今就本人記憶所及，將我兄、弟、姐、妹十五人之景況，本長幼次序，分述如後。

（一）大哥——碩民，民二年三月十一日生於上海。大哥是我輩最聰明而突出之一位，可說是蔣家之「狀元」亦不為過譽。他小時有「神童」之美譽。當時由於二姨母張默君女士曾在上海北四川路創設了一所「神州女學」，我們家就住在該校之隔壁，也由於外公去世不久，先父、母將外婆迎入我家，一同居住，藉以消除寂寞、孤單。由於大哥長得比一般孩子高大（一生下即有十磅），尤其長得天庭飽滿，地角方圓，所以外婆特別喜愛這一長外孫。外婆本人就是一位才女，對琴、棋、書、畫、詩、詞、歌、賦無不涉獵，所以教出來的子、女個個成才。屆時由於其子、女均已成家立業，正是樂得抱外孫的時候，所以格外用心教導這位長外孫。據說大哥兩歲不到，還抱在外婆手臂中時，已能諳讀家中懸掛的各對聯，四歲時已能看三國演義，亦能隨口對答一些簡單的對聯，因此提前了兩年讀小學。當他在神州女學附小時，已能一目十行，過目不忘，每年總是班上的第一名（記得民三十年暑季，大哥嫂曾由貴州至四川陳家橋豐文山來探望先父之病。當時我剛看完一部七百餘頁，滿是小字的舊式章回小說，大哥早上跟我索來看，下午五時不到已看完還了給我，由於不相信他怎可能看得這麼快而有心考問他一下書中的情節、人物與故事；可是他居然對答如流，這才使我相信他確有一目十行，過目不忘之才能）。他十歲升入上海同濟附中，遍閱我國各代經書，堪稱博學多才，因此又一直是全班第一名。十五歲就已高中畢業，同濟中學第一外國語是德文，所以先父看他的成績如此優異，遂為他向湖北省申請到湖北的留德學生獎學金，因此大哥在他十五歲時就進了舉世聞名的哥庭根（Gottingen）大學（按該校為德國諾貝爾獎得主最多之大學）數學系深造，二十二歲即以高級優等（Magna Cum Laude）成績獲得了數學博士學位，返國後即為南開大學聘為數學系副教授，成為當時最年輕之教授。民三十三年又應聘赴美國普靈斯頓高級科學研究所。抗戰勝利後一年多返國，大嫂楊維儀女士為二姐在法同學，曾由二姐代為介紹者，係出自雲南名門望族，為楊益謙軍長之次女。法里昂大學語文學士，巴黎大學碩士，有二子二女（人璧、人慶、人鳳、人方）。按二姐與二姐夫之婚，即是大哥代為介紹者。大哥最善與人「擺龍門陣」，天南地北，無所不知，與之交談，對學問見識均有增長，獲益良多，真有「與君一席談，勝讀十年書」之概。可惜大哥嫂全家在大陸陷匪未能來臺。其後也一直任職北師大，而今已退休；大嫂則曾在北師大任法語教授三十餘年，目前也屆退休之齡也。

（二）二哥——碩英，民三年二月二十四日生於上海。由於二伯父在湖北應城家鄉病故，僅有一女芝秀而無子嗣，故先父在二哥四歲時，將之過繼給二伯母，使其有後。二哥小時在鄉下，因無正式之學堂上而僅讀了幾年私塾。先父恐其在鄉下不能獲得新式的教育，乃於其十歲時將之召回上海，令其與三、四哥同班上神州女學附小三年級，後赴平又讀北師附小，民十六年北方局勢混亂又南返，進上海之南洋中學，他因長得高壯，係一體壇健將，是當年校中足球隊長，也是他畢業後從軍一大條件。而於二十一歲隨先父赴日，考上日本士官二十六期步科，接受了軍人嚴格的訓練。二十五歲學成返國後，曾任參謀、特務營長、教官、組長、校閱官等職，勝利後隨派赴前進指揮所接收臺灣，又於警總情報課長任內主管軍事情報，兼任勞動訓導營主任及管理日俘、僑事宜，同時又兼任基隆、花蓮區二港口運輸工作，每日工作至為辛勤，均能順利完成任務。基隆團管區司令任內建立兵役及軍事動員制度及高參、處長等職，頗著貢獻。在教育方面，曾入陸大參謀班三期，圓山軍官團八期，陸參大正五期，革命實踐研究院臺灣建設問題研究會二期，為一長於情報之幕僚人才，民五十三年退休轉入中央及航海兩黨部，曾任專門委員、總幹事與祕書多年。民六十八年於祕書任內二次退休。二嫂陳桂馨，福州人，為外交世家陳明先生之長女，育有二女二子（人琪、寶玲、人權、人峯），如今均有所成。

（三）大姐——碩德，民四年三月二十三日生於上海，神州女學附小及北平北師附小畢業，及上海女子、大同大學附中初、高中畢業。民二十一年夏與二姐一同赴法深造，曾獲里昂大學教育學士學位，返國後在南京曾任教職為期甚短，後嫁浙江東陽厲德寅先生。後者為美威斯康辛大學經濟學博士。大姐夫曾任教中大及中央政治學校、中央平準基金委員會專門委員及中央銀行昆明分行經理，惜乎他們也未能與政府遷移來臺。在「三反」、「五反」運動期間被鬥，以莫須有之罪名，國民黨之經濟特務，下放青海牧馬勞改七年。其家人被視為黑五類，子女在校雖均名列前茅，仍不得進入大學深造；如今雖已獲平反，但大姐夫已作古矣，他們有三子一女（旡咎、旡吝、旡畏、旡忌），如今除次子外，餘均已先後大學畢業或肄業。

（四）二姐——碩真，民五年四月三十日生於上海。其幼年提前一年入學，故在國內所受之教育與大姐同。後赴法，她學的是地理，後又在巴黎大學得碩士學位。返國時，南京已失守，乃追隨大哥嫂至雲南，適大哥為其介紹之同窗同學程毓淮兄，時已任職西南聯大數學系教授，倆人隨在昆明結婚。二姐也做了雲南大學的地理系講師，生有一子，名凱華，後曾得米喜根大學物理生物學博士學位。民三十四年我二姐夫亦曾應艾恩斯坦教育之邀赴美普靈斯頓大學講學及研究，以接替大哥之未了工作。後又任美奧克拉哈馬州立大學及維恩大學與麻州州立大學數學系教授迄至民六十九年始退休。彼在數學上亦頗有成就，曾於民五十二年獲當選我中央研究院院士。二姐在美期間曾任職聯合國多年，並在麻州大學再修得一圖書館管理碩士學位，且也經過一個時期圖書館管理員工作。

（五）三哥——碩豪，民六年六月十九日生於上海；上海神州女中附小肄業，後家遷北平，得在北師附小畢業，上海南洋中學高中畢業。民二十三年赴美就讀麻州理工學院深造，曾獲航空工程碩士學位，抗戰期間曾在我軍事委員會駐美採購組任空軍少、中校職務，勝利後本擬返國在東北瀋陽接收一家螺旋槳工廠任廠長，因戰事爆發未能前往而進入聯合國駐加蒙特婁之國際民航組織，經常旅行世界各地察看氣象設施及帳目等，全球跑遍十來圈，為我弟兄中旅行最為頻繁者，三嫂阮美娥為華裔美人，不諳國語；祕書專科學校畢業，嗣後曾在華盛頓我空軍武官處工作多年，彼等育有一獨子，人信，亦係麻州理工學院太空航空工程碩士，曾在美國太空署派福克蘭群島工作過一段時期，又返校攻讀企業管理碩士學位，現在Exxon石油公司服務。三哥於民六十五年因心臟病發，不治而病故，享年六十歲，三嫂獨居蒙特婁，兒子媳婦均在紐約有甚好之工作。

（六）四哥——碩傑，民七年八月三日生於上海，其幼年學歷與三哥同，因他從小即聰明，為我蔣家之「榜眼」，故早一年入學，但是二、三、四哥三兄弟中雖同在一班，則以他的成績最佳。其平時沉默寡言，讀書專心，為虛心求證好學之好青年。南洋高中畢業即隨先父、母赴日，就讀慶應大學經濟系。中、日戰爭爆發前，又轉學赴歐，進入英國倫敦經濟學院曾獲得博士學位。其博士論文獲該校當年最佳論文（Mutchinson Medal），這銀質獎章是三十七年春由英國文化協會British Council駐華代表攜來北京大學頒贈的。民三十四年底當四哥擬返國時，存款已用盡，我曾代為籌款請厲德寅姐夫代為申請留學生外匯（戰後又重新開放）始得解決問題，四哥一返國即將我代籌之款還清，不久就為張嘉璈先生聘為中央銀行一等業務專員，至瀋陽，又出任張先生所主持的東北行營經濟委員會下的調查研究處處長職。不久東北局勢惡化，乃退駐北平，當時又獲胡適之先生之賞識，而任北大教授，兼任南開、燕京大學之特約講師。北平圍城時脫險，來臺後又為傅斯年校長聘為臺大教授。民三十八年夏赴美任國際貨幣基金之研究員十年之久，並兼任馬利蘭州約翰賀浦金大學特約講師後又專任羅傑士特大學、康乃爾大學教授及菲律賓大學客座教授，自民四十三年以來，四哥時常利用暑假擔任政府之經濟顧問，擬訂各項財經計畫及改進方案，功在國家。民四十七年當選中央研究院人文組院士。民五十八－九年與劉大中教授共同制訂一套改革賦稅辦法，使中央歲收大增。民六十九年擔任中華經濟研究院院長迄今，彼今已在康乃爾大學辦理退休，今後當有更多之時間為祖國服務，以報效國家。四嫂馬熙靜為馬延熹先生之幼女，從小曾受過日本教育，為一聲樂家，育有三女；長女人和習東方藝術史，次女人雋習建築，三女人瑞專攻勞工經濟，曾在耶魯大學畢業，現在是芝加哥大學博士候補生，可望明夏得博士學位，或將為我四哥之衣缽傳人也。

（七）三姐——碩美，民九年十二月二十九日生於上海，曾於比德小學畢業，上海聖瑪麗亞女中肄業，南京金陵女中初中畢業及重慶南渝（後改名南開）中學高中畢業。三姐的女低音甚佳，其本人志在讀重慶青木關音樂學院，可是為了將來出路的壓力而勉強去投考其第三志願的外語系。第一年僅考上西南聯大先修班，翌年才正式進入大一之英國文學系。三姐小時甚為淘氣，曾在三層樓窗戶枱上與五哥搶球，而由三樓墜落，幸跌入一新垃圾木桶中而未受傷，可是當其在聯大畢業於昆明就業後兩年，突患精神分裂症，想或係小時因受腦震盪未即時察覺就醫所致。自此時好、時壞，花費了我們兄、弟、姐、妹們不少的精神照顧及經濟支援費用，不幸終在其三十三歲時不治而謝世於臺灣，至為可惜。

（八）五哥——碩治，民十一年四月十二日生於北平，上海之西區、齊魯、上海女中附小肄業，民二十三年畢業於比德小學，當時先父將五哥與我送往瑞士日內瓦，就讀國際學校，五哥與我小時在校均為運動健將。他是當年國際學校高中足球隊隊長，我則是初中足球隊隊長兼高中球隊的後衛。在田徑方面，我們每年一度參加九校田徑大競賽，總有斬獲，曾獲得甚多獎牌，另外也係該校的網球、桌球、籃球隊代表，總之不論什麼運動，差不多總有我們的份，五哥在瑞士七年，考上法國國家會考，進入都魯士大學，曾獲該校數學學士及巴黎大學數學碩士等學位，民三十九年赴美，再得印地安那聖母大學數學碩士學位。彼在戰後法國求學之費用，全靠大姐夫為其代墊購買留學生外匯維持。初到美國時，一部分費用由四哥接濟，一部分費用靠其在一麵包工廠打工維持。待其於民四十一年夏完成印地安那州聖母大學數學碩士學位後，曾初任賓西凡尼亞州Allegheng大學任講師一段時期，後始任伊利諾州南伊利諾大學副教授十餘年。由於其在聖母大學時與現任波音公司主管海事部之副總裁同學，隨後被其邀赴波音擔任研究員及高級工程技師，迄今已二十三年了。五哥曾主管研究「如何減少機翼之磨擦」，對該公司頗有貢獻，經常為公司出席各地之數學、電腦會議。美國西部人物誌上也有其大名。二十年前該公司運用新飛機及火箭的原理，研究「如何將機翼裝在船體下，使船快速航行時船體升高減少阻力，而航行如飛」。一直到近十年才正式推出一種所謂「噴射式水翼快艇」。民七十一年七月曾應我政府之邀請，出席國建會。五哥曾建議我發展海軍，應以此革命性的「水翼快艇」為主，因我國並非財力充裕之國家，唯有採用這種掠水而行的快艇，纔能建立威力強大而費用不高的一支海軍。五嫂朱兆平女士為上海望族朱怡聲先生之長女，曾在法習時裝設計，育有二子，人範、人進，均已大學畢業在工作。

（九）本人——碩平，民十二年四月二十三日生於北平。幼年所受之教育與五哥略同，惟因抗戰貨幣貶值，先父因負擔過重而於二十八年秋召我返國。先父為我聘請家庭老師補習四個月後乃得考上博學中學高一下插班，後畢業於同文高中，於三十二年考入軍校十九期砲科。軍校畢業後又入校尉班十期受訓，一年後考上軍官留美，曾畢業於美裝甲兵學校初級班。隨後又進入國防部情報學校情報軍官班三期，政治作戰學校高級班三十期以及行政院行政管理研究班六十期。初任軍校及東北行營附員，歷任裝甲砲兵測量員，教官，裝甲兵副連長、中隊長、組長，駐韓盟總譯員，裝甲兵旅參謀，國防部參謀，駐西貢副領事，國防部新聞局聯絡官、接待組長，行政院新聞局聯絡室主任，駐象、剛、薩新聞專員及駐象新聞參事，新聞局視聽處副處長及主任等職，曾著有《裝甲車輛之識別》、《聯絡室工作手冊》及《非洲十五年與旅途見聞》三書。吾妻劉邦沛女士，係前天津高等法院院長劉大魁先生之幼女，生有二子；長子人吉，麻州大學生化系畢業，現是美米蘇里州華盛頓大學醫學中心分子生物學博士班研究生，次子人俊，加拿大蒙特婁大學電腦系畢業，現是該大學資訊系資料庫管理學碩士班研究生。

（十）四妹——碩安，民十三年十月二十日生於北平，上海齊魯公學肄業，比德小學畢業，南京金陵女中，重慶南開中學與懿訓女中初中畢業及懿訓女中高中畢業，參加大專聯考，獲錄取入江蘇醫學院，並獲得婦產科學士學位。四妹夫甘保祥，為其同學；婚後兩人婦唱夫隨，均在公立醫院任職，妹夫升為X光科主任，安妹也升為婦產科主任。安妹頗有才藝，繪畫極佳，早在初中時代，已有作品參加展出。她也長於口才，我們都很喜歡聽她講故事或談天。

其敬業精神極佳，為了救護傷患曾三天三夜不眠不休而獲獎章，由於受人愛戴，聲譽日隆，終被推舉為中央民意代表。安妹生有三女，甘寧、重、與暢，均在大學及高中就讀中。

（十一）五妹——碩能，民十五年五月三日生於北平，能妹之出生我印象很深，當時先母要進補，命五哥與我去後院雞棚拾蛋，我們高高興興的去拾了十幾個蛋回來，當時我們每人得分一枚吃是少不了的，適當此時我二姨母與邵元冲先生結婚後難產，一位表弟生下即已死亡。二姨母萬分傷心，加以醫師又謂：從此以後不能再生育了，先父、母聞訊，即決定把這一位美麗的小妹妹過繼給姨父母，並改名邵英多。不數月，我們舉家南遷，暫住上海北四川路神州女學校隔壁。不料沒多久，共匪作亂，校舍毀於砲火，我家始遷入法租界辣斐德路（薩蒲賽路口）四五八號；小時的記憶特強，連電話八四七五一號仍未忘記。能妹就於此時交給了二姨母，能妹在南京中大實驗小學畢業，抗戰時由湖南轉昆明求學，不久又來重慶，畢業於懿訓女中初中，隨後又赴貴州遵義再回四川歌樂山讀青木關之中大實驗中學。高中畢業考上聯考入北培復旦大學新聞系，勝利後隨學校遷上海，大學尚未畢業即與高班同學王鎮宙結婚。民三十八年五月共匪渡江包圍上海，五妹雖已讀至大三，功虧一簣，棄學來臺。失學後即在中央航空公司謀得一職，五妹比較外向，甚為能幹且幫夫運特佳，而一直有一份好工作，初在美援會工作，後任臺銀董事長祕書，再任臺銀外匯部副理，中信局副理以及臺銀中山分行副理，乃夫王鎮宙也官運亨通，早先在中國航空公司任職，後任農林公司畜產部經理，後又轉任合作金庫協理、總經理，而升至臺銀總經理，妹夫人品極佳，公私分明，涓滴歸公，其才幹與口才也是他扶搖直上之一首要條件，可惜好人命短，正當英年而於六十一年在高一球場上心臟病突發而歿。五妹於六十九年退休赴美，現在洛杉磯國泰銀行任公共關係部經理，彼等有二女一子（含光、可人、含人），均獲有大學碩士、學士學位，二女已有好的歸宿，幼男自輔大畢業服完兵役後，也已赴美深造中，民六十九年，五妹改嫁前中國石油公司協理楊增梯先生，後者也已赴美，為一家公司擔任顧問。

（十二）七弟——碩文，民十七年一月二十日生於上海，在我的記憶中，七弟尚在襁褓中，因得了腦膜炎，不治身亡，先父母本擬待其稍長大一點後也過繼給二姨父、母的，因二姨父、母極欲得一男，無奈文弟夭折，實天不隨人願也。他們也只好向上海一家私立醫院領養了一男嬰，即後來的表弟邵天宜也，後者曾任職中信局，二十四歲因病而歿，遺下一子邵延平，從小患有小兒麻痺症，但也已獲藥劑碩士學位，而現任專員職。

（十三）八弟——碩健，民十九年十月十二日生於上海，文弟去世後不久，先父奉調出使德國兼駐捷、奧公使，先母在喪子哀痛之餘，先父乃攜其同赴國外散散心，同時藉休假機會，曾前往暢遊歐洲各國之名勝古蹟，不二年先母又懷孕了，遂於產期之前提早回國，八弟生下，果然是一健康、活潑、可愛的小弟弟，先父乃為其取名碩健。八弟小時隨先父、母赴日，民二十五年返國，不久抗戰軍興，在重慶四維小學畢業即隨我讀同文中學，他唸初一，正值我讀高三時，我畢業後，他即轉江津之國立九中，民三十四年秋，我由軍校畢業調東北行營駐重慶籌備處，他特於寒假返回重慶來看我，不幸船過小南海險灘時觸礁沉沒，他本被船上水手反鎖在下艙，後幸他力大，且得後面數百人推擠之助，始把門板頂破而得脫困，竟被另一船救起，惟胸部略有擠傷，但無大礙，不僅如此，行囊也未遺失，實為不幸中之大幸。真所謂「大難不死，必有後福」也。又過一年他已高中畢業，居然被他考上極難入學的清華大學化學系。民三十八年春，北平圍城，他因不願放棄已考上的名校，故未來臺。畢業後他初任清華助教，隨後升講師、副教授，後又在北大執教。他曾與低班同學徐瑞秋結婚，現已有二子，人英與人勤，民七十年曾考上公費留美，擬入美麻州大學研究高分子化學，惜乎因平時操勞過度，環境衛生欠佳，而得了肝炎，一時尚無法出國。

家母之死，可說全為日寇所害。如果不是在南京時遇空襲，又一再被迫逃難，受到了驚恐與勞累，心臟也不至日漸擴大，家屋遭毀，一路顛沛流離，家人離散，加以幼弟（七弟）夭折之過度悲傷，與夫目睹中國同胞遭此大難，先母以悲天憫人之情，生活於悽愴憂慮之中，迨由漢口回至應城花園鄉老家時，終因心臟不堪負荷而歿，雖出殯時備極哀榮，然已於事無補。民國二十七年初葬於應城西北三、四十公里之圓山之陽，據說墓地後有高山，左、右為丘為陵，正前方一片平原沃地，前面坡下有九龍匯水，蘊集靈氣關係，山上長有靈芝及猴頭菌等異草，堪輿家說是將來對子孫大發之地。但是我們均不迷信，只姑妄聽之。當時先父年事已長，加以公事繁忙，飲食起居不能無人照顧，乃採納親友的關懷建議，而續弦時，我兄、弟、姐、妹分別就學、就業或婚嫁在外，不在身邊，家務需人主持，認為這是對先父有利的途徑，原則上是同意的。但我們私下的心願，甚希望先父能與二姨母結為連理，因後者自西安事變後也已守寡，但以兩人之個性言，除外婆能和二位當事人面對面的談這些話以外，別人似乎很難啟齒去勸說他們。

繼母湯潤瓊女士，民前四年生，湖南長沙人，長沙師範體育系畢業，曾任教職多年，幸好繼母亦是克勤克儉起家者，對待最小的健弟也很不錯，大家均能相安無事。

（十四）九弟——碩忠，民二十八年七月十五日生於重慶，忠弟甚為不幸，三歲不到，先父便已亡故，總算先母能為後人以其私房錢置了一點產業，即南京中央路童家巷修德里一號之八棟小樓房。勝利還都後，繼母與弟、妹幸得有一屋棲身，也非常難得繼母能含辛茹苦將弟、妹撫養長大成人，忠弟終得於南京大學化學系畢業，得有一份研究工作維生，彼已娶張有芷小姐為妻，生有二女，長文慶，次文寧。

（十五）六妹——碩孝，民三十二年二月十九日生於重慶，孝妹更為不幸，生為遺腹女，連先父的面都未見過，也虧得繼母一面教書，一面教養弟、妹，六妹亦終於獲得了南京大學化學學士學位，彼現已嫁程其恆先生，也生有二女。

上帝說，一顆種子不經過死去，埋在土中，無法生根、發芽，長得更多，更為茂盛。我們蔣家以近三代來說：第一代則三人，第二代就變成十五人，第三代則已是四十一人了，第四代也已在開花結果了，我的家如此，我的國如何呢？我深信中華民國必能立於千秋萬世，永垂無疆之休，光復神州，中興禹甸，由於三十多年來的舉國上下生聚教訓，終必以國父孫中山先生所創之三民主義順利達成統一中國的共同願望。這是在紀念先父百年誕辰的今天，敢以馨香上告的。

※本文各年代均以陽曆計算。

張默君曾愛過蔣作賓

蔡登山

說到張默君（原名昭漢），恐怕有許多人覺得陌生，她就是黨國元老邵元沖（翼如）的夫人。她的詩文與書法，氣勢磅礡，久為人所稱道。她很早就加入中國同盟會，後來又創辦江蘇《大漢報》，鼓吹革命。民國成立後創刊《神州女報》；又創辦神州女校，任校長。一九一八年她赴美國入哥倫比亞大學，專攻教育，回國後任江蘇省立第一女子師範學校校長。一九二三年暑假，胡適就曾為曹佩聲轉學之事，寫信給她，張默君回信云：「……函詢曹君轉學一節，寧校招考具畢，各級已聲明不收插班生，均經婉謝，……」面對胡適的關說，她毅然予以拒絕。

到了一九二四年，年已逾不惑（四十一歲）的張默君，才和邵元沖結婚。在那個時代四十一歲已堪稱「老小姐」，而且比新郎大六歲，稱得上是「姐弟戀」。何以如此晚婚呢？這其間的祕辛，很多人不知。根據蔣作賓之子蔣碩平（蔣碩傑之弟）的說法，原來在這之前張默君對蔣作賓是有過一段愛戀的。

蔣作賓曾以遜清秀才赴日學陸軍，畢業回國，任保定軍官速成學校步科教官。有人說蔣介石在保定軍校時，即與蔣教官相識，奠下師生之情；也有人說，蔣介石之被保送赴日本陸軍成城預備學校，實由蔣作賓在段祺瑞面前保舉，始促成此事。因此後來蔣作賓受知於蔣介石，迭任要職，以軍人從政，又轉入外交仕途，其眷遇之隆，直至一九四〇年十二月，病逝重慶，都令中樞顯要，無不為之側目。

根據蔣碩平的說法，大概在民國前三、四年時，蔣作賓與張默君由於志同道合而相識成為摯友，蔣作賓甚獲張默君之青睞，但蔣作賓對張默君則敬為長姐，因此數年來一直不敢有非份高攀之想。某日張默君與高采烈地約蔣作賓赴其家中拜謁其母，意在給予大好求婚之機會。抵張家後，沒想到蔣作賓對張默君的三妹淑嘉印象特佳，驚為天人；而淑嘉對蔣作賓之英俊瀟灑，也極樂意與之交談，彼此有說有笑，旁若無人，因一見鍾情，靈犀互通，心心相印，已默默相許矣。飯後蔣作賓終於鼓足勇氣大膽向張伯母提親，欲娶張淑嘉為妻。張伯母見到蔣作賓一表人才，當即暗表同意，促其速派媒人攜聘禮正式提親，不數日蔣作賓果然邀其上司黃興（克強）作媒，而於一九一二年娶了張淑嘉。可是此舉，在無意間卻傷害了張默君之自尊心，雖一方面為胞妹慶幸，一方面也為自己無緣而傷心。她是一絕頂好強之奇女子，在表面上絕不顯露心情，但暗地裡則獨自飲泣。經過多年，她後來在哥倫比亞大學的同學好友陳鴻碧則陪她到西湖散心，陳鴻碧基於同情心，乃與張默君雙雙宣誓「永不嫁人」。

一九一二年同盟會改組為國民黨，國民黨成立後本部設在北京，各省有分會支部，在上海、漢口不叫支部，而稱交通部。上海的交通部長是居正，而張默君則是編輯課課長。當時課中有位課員邵元沖對她十分仰慕，但張默君卻沒把這個小六歲的部屬放在眼裡，甚至為了打消他的非分之想，她還提出了三個條件：「要留學，武要將官，文要掌印」來為難他，也好讓他知難而退，死了這條心。邵元沖聽到這「三條件」自然十分絕望，而這「三條件」後來也傳到孫中山的耳裡，後來邵元沖在孫中山身邊當祕書，工作非常認真，並到日本協助其成立中華革命黨。孫中山答應幫他完成這「三條件」，一九一九年邵元沖去美國哥倫比亞大學、威斯康辛大學留學，返國後孫中山又派他擔任中華革命黨紹興司令官及東北軍司令部的警備司令（當時蔣介石為參謀長），一九二四年又任黃埔軍校政治部代主任等職，這些工作都可說是將官之職。

一九二四年當邵元沖把他曾編寫的一本《美國勞工狀況》送給張默君，張默君對其著述甚為滿意，立即回信說：「自丙辰（一九一六年）別翼如八載，彼此音塵斷絕，昨忽得自美歸後一書，賸以近製，極道離懷別苦，感而有作，時甲子秋孟也。」並附上六首詩，其中一首云：「放眼蒼茫萬劫餘，八年一得故人書；天荒地老傷心語，忍死須臾黨為予。」邵元沖見到張默君的詩後，雀躍萬分，馬上回函說：「留歐美八載，苦不得默君書，民十三年歸國，佐總理粵東，致默君長函及近著，獲詩大喜，次韻六章。」並依原韻唱和六首，其中一首云：「危涕重攜話劫餘，夢魂時篆掌中書；披衷朗月精貞見，萬里來歸儻起予。」邵元沖苦戀張默君十三年，其中又分別八年，皇天不負苦心人，有情人終成眷屬。

婚禮在上海舉行，大喜前夕，一對新人前去飯店看新房，飯店侍役看見張默君年紀已經不小了，以為是新娘的母親或長輩，脫口問道：「老太太，小姐明天什麼時候來？」當時有好事記者黃季陸曾作打油詩以記此事，詩曰：「邵張喜事本天裁，洞房滄州飯店開；侍役笑問老太太，小姐明日何時來？」，一時傳為笑談。又邵元沖原本請孫中山證婚，但孫中山在廣州公務忙碌，乃改由于右任證婚。婚禮上，于右任致詞道：「一位是浙中名士，為黨國奔勞多年，為總理左右手；一位是湘省俠女，教育名家。真是郎才女貌，天生佳偶。而且民初時代，張女士是邵先生的上司，不知今天成家之後，誰是上司？誰是下屬？」一時賓客譁笑。

婚後兩人感情甚篤，又皆好旅遊，公餘之暇，常偕遊各地名勝，「五嶽歸來不看山」，到處都有他倆的蹤影。邵元沖也官運亨通，平步青雲，除在上海、廣州等地任職，還當過第一任杭州市長，最後官至立法院副院長。一九三六年十二月邵元沖為收撫察哈爾、綏遠匪偽軍隊前去西安面見蔣介石，卻遇西安事變，被楊虎城的憲兵開槍擊中，兩天後不治身亡，年僅四十七歲。噩耗傳來，共同生活十二載的張默君悲痛萬分。直到抗戰勝利後，才將其葬之杭州西湖邊，張默君親撰墓門聯云：「學繫黎洲船山一脈；葬依鵬舉蒼水為鄰。」蓋黃黎洲為浙江人，王船山為湖南人，正與邵張二氏之籍貫相合也。

血歷史156　PC0864

新銳文創
INDEPENDENT & UNIQUE

軍人外交家蔣作賓回憶錄

原　　著	蔣作賓
主　　編	蔡登山
責任編輯	鄭夏華
圖文排版	周妤靜
封面設計	蔡瑋筠
出版策劃	新銳文創
發 行 人	宋政坤
法律顧問	毛國樑　律師
製作發行	秀威資訊科技股份有限公司 114 台北市內湖區瑞光路76巷65號1樓 電話：+886-2-2796-3638　傳真：+886-2-2796-1377 服務信箱：service@showwe.com.tw http://www.showwe.com.tw
郵政劃撥	19563868　戶名：秀威資訊科技股份有限公司
展售門市	國家書店【松江門市】 104 台北市中山區松江路209號1樓 電話：+886-2-2518-0207　傳真：+886-2-2518-0778
網路訂購	秀威網路書店：https://store.showwe.tw 國家網路書店：https://www.govbooks.com.tw
出版日期	2019年10月　BOD一版
定　　價	240元

國家圖書館出版品預行編目

軍人外交家蔣作賓回憶錄 / 蔣作賓原著；蔡登山
主編. -- 一版. -- 臺北市：新銳文創, 2019.10
面；　公分. -- (血歷史；156)
BOD版
ISBN 978-957-8924-72-7(平裝)

1.蔣作賓 2.軍人 3.回憶錄

783.3886　　108016061

讀者回函卡

感謝您購買本書，為提升服務品質，請填妥以下資料，將讀者回函卡直接寄回或傳真本公司，收到您的寶貴意見後，我們會收藏記錄及檢討，謝謝！
如您需要了解本公司最新出版書目、購書優惠或企劃活動，歡迎您上網查詢或下載相關資料：http:// www.showwe.com.tw

您購買的書名：______________________________

出生日期：________年________月________日

學歷：□高中（含）以下　□大專　□研究所（含）以上

職業：□製造業　□金融業　□資訊業　□軍警　□傳播業　□自由業
　　　□服務業　□公務員　□教職　□學生　□家管　□其它_____

購書地點：□網路書店　□實體書店　□書展　□郵購　□贈閱　□其他

您從何得知本書的消息？
　□網路書店　□實體書店　□網路搜尋　□電子報　□書訊　□雜誌
　□傳播媒體　□親友推薦　□網站推薦　□部落格　□其他__________

您對本書的評價：（請填代號　1.非常滿意　2.滿意　3.尚可　4.再改進）
　封面設計____　版面編排____　內容____　文／譯筆____　價格____

讀完書後您覺得：
　□很有收穫　□有收穫　□收穫不多　□沒收穫

對我們的建議：______________________________

____

____

____

請貼
郵票

11466
台北市內湖區瑞光路 76 巷 65 號 1 樓
秀威資訊科技股份有限公司 收
BOD 數位出版事業部

(請沿線對折寄回，謝謝！)

姓　　名：____________ 年齡：______ 性別：□女　□男

郵遞區號：□□□□□

地　　址：____________________

聯絡電話：(日) ____________ (夜) ____________

E-mail：____________________